聞き手・編
清岡央
Kiyooka Hisashi

オリエント古代の探求

日本人研究者が行く最前線

中央公論新社

1　南西からバーミヤン谷を望む（2005年）　初夏にはバーミヤンの谷が一面緑で覆われ、背後に見える赤茶色や黄色の山肌、澄み切った青い空とあいまって美しい風景が広がる。谷の北側にある崖には、西大仏（左側）と東大仏（右側）をはじめ、1000をも超える仏教石窟が掘り込まれている（提供：東京文化財研究所）［→第九章］

2　破壊される前、最後の勇姿を見せるバーミヤンの東大仏　礫岩を刳り抜いた仏龕の天頂部を飾るのは、４頭の有翼の白馬が曳く二輪車に乗り、放光する円盤を光背とするイランの太陽神ミスラ。仏教とアヴェスター世界のこの鮮やかな交錯こそバーミヤン文化の象徴である（撮影：前田耕作）［→第一章］

4　ツタンカーメン王と乳母マヤ　ツタンカーメン王は乳母マヤの膝に座り、乳母の背後には高官たちの姿が描かれている。また、椅子の下にはツタンカーメン王の愛犬の姿もある。サッカラ遺跡、マヤの墓のレリーフ（撮影：河合望）[→第二章]

3　ツタンカーメン王の黄金のマスク　エジプトの金細工の最高傑作ともいえる。2枚の金の板を叩いて合わせたもので、マスクは打ち出しで整形され、表面は研磨されている。高さ54センチ、重さは10.23キロある。大エジプト博物館に展示予定（撮影：河合望）[→第二章]

5　大将軍ホルエムヘブ　少年王ツタンカーメンに代わり実権を握っていたのは、ホルエムヘブである。彼は大将軍という肩書きだけでなく、摂政、国王代理でもあった。サッカラ遺跡、ホルエムヘブの墓出土。オランダ、ライデン古代博物館所蔵（撮影：河合望）[→第二章]

6　ダハシュール北遺跡　中王国時代から新王国時代にかけて営まれた墓地遺跡。南にはスネフェル王の赤いピラミッド（右）と屈折ピラミッド（中央）、東にはセンウセレト３世のピラミッドを望むことができる（©東日本国際大学エジプト考古学研究所）［→第三章］

7　ダハシュール北遺跡で発見されたセヌウのミイラマスク　カルトナージュという亜麻布と漆喰で型作りされたマスクであり、耳と顎ひげだけは木製である。髪の毛と眉が青色（貴石を表現）、顔は黒色（ナイルの沃土を表現）で彩色されているが、これは来世におけるオシリス神の姿を表したものである。胸元には、ビーズの胸飾りが見事に描かれている（©東日本国際大学エジプト考古学研究所）［→第三章］

8　ヒエラコンポリス遺跡のビール工房跡　砂漠の砂を数十センチ掘り下げただけで、紀元前3600年頃の世界最古のビール醸造址が良好な保存状態で姿を現した。遺構全体が火を受けて赤くなっている（撮影：馬場匡浩）［→第三章］

9　上空から見たテル・レヘシュ遺跡　第1期の調査では、遺跡の長軸に沿って、複数の場所を発掘し、遺跡の居住史を探った。周囲の木が生い茂っている部分は川。三方を川で囲まれ、防御に有利かつ水の確保も容易であった（撮影：中野晴生）［→第四章］

10　ヤシン・テペ遺跡　UAV（ドローン）で南東方向から調査区を望む。丘の部分がアクロポリス、その周囲が「下の町」である（撮影：西山伸一）［→第五章］

11　バハレーンに残されている古墳群（アアリ古墳群）（提供：Dilmun Mapping Project）［→第六章］

12　バハレーン隊が発掘したディルムンの王墓と出土した石製容器片（王墓の写真提供：Dilmun Mapping Project。左上の石製容器片はバハレーン国立博物館所蔵、Dr. Salman Al Mahariより掲載許可）［→第六章］

13　サヘート（祇園精舎）遺跡で発見された沐浴場跡と僧院跡　この仏教聖地の遺跡では、1986～89年に関西大学によって発掘調査が行われた。釈迦の活動当時にさかのぼる遺構は発見されなかったが、西暦紀元前後の仏教僧伽の繁栄ぶりが明らかになった（©関西大学考古学研究室）［→第七章］

14　ファルマーナー遺跡で発掘されたインダス文明期の町並み　この遺跡はインダス文明が広がった地域の中でも北東縁に位置している。遠く離れたモヘンジョダロ遺跡と共通する町並みや文化要素の存在は、インダス文明を特徴づける広域性を物語っている（©総合地球環境学研究所）［→第七章］

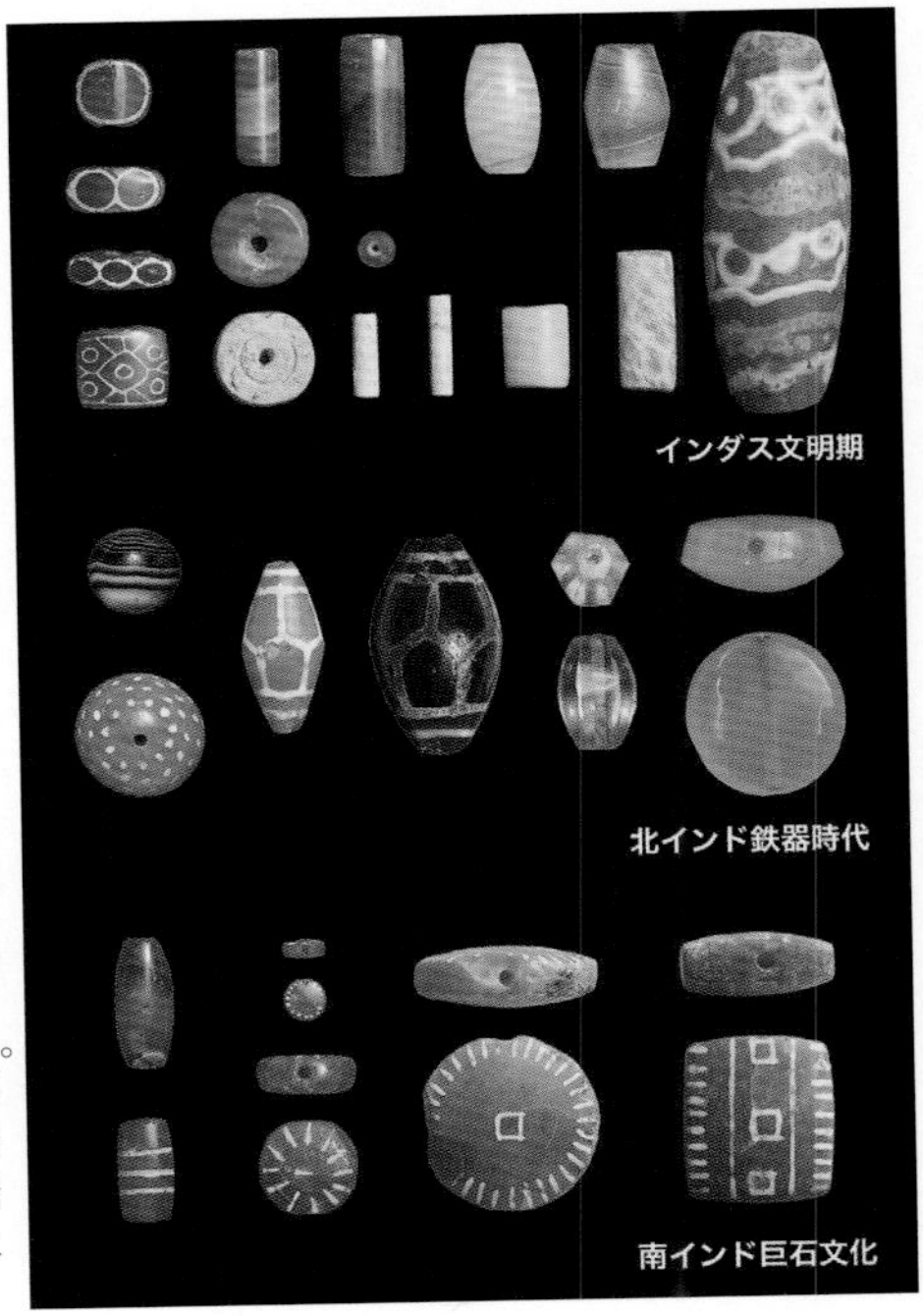

15　南アジア各時代の石製装身具　南アジアでつくられたビーズは歴史を通してユーラシア大陸の各地に流通した。その最初の段階がインダス文明の時代である。硬い石材に紐を通すための孔をあける高度な技術や、植物灰を用いてビーズの表面に装飾を施す技術がインダス地域で発達したことがその背景にある（撮影：上杉彰紀）［→第七章］

16　パルミラ遺跡の東南墓地C号墓から出土した半円形レリーフ　勝利の女神ニケによって天空に運ばれる死者が表現されている（撮影：西藤清秀）［→第八章］

17　パルミラ遺跡の東南墓地F号墓主室　門より奥棺棚を望む（撮影：西藤清秀）［→第八章］

18　西からアク・ベシム遺跡を望む　春は一面が緑で覆われ、夏が近づくにつれ、色とりどりの花が咲き乱れる。手前には領主の居館とされる建物の痕跡が見える。背後に連なるのは雪を頂くキルギス・アラトー山脈。玄奘はこの山を越えてこの地に到達した（提供：帝京大学）［→第九章］

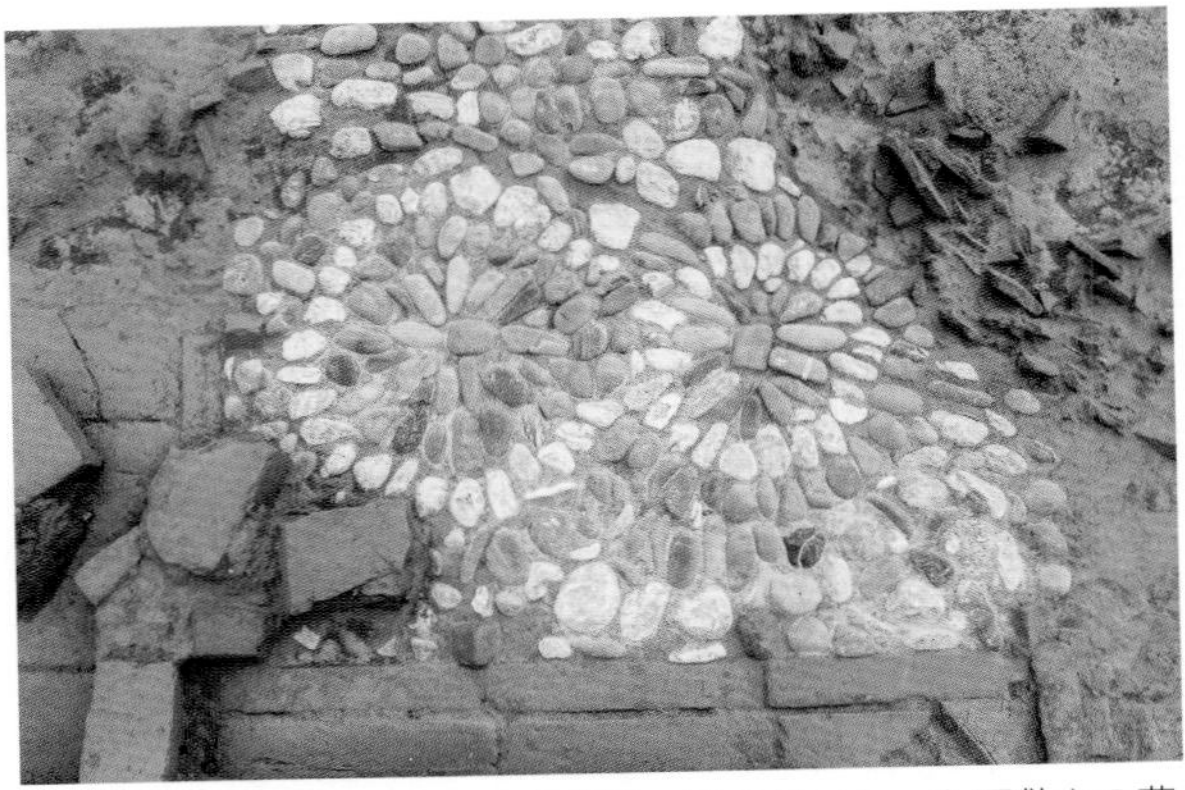

19　アク・ベシム遺跡の砕葉鎮城の址で見つかった石敷きの花の文様　石敷きには白色や緑色、赤色の川原石が同心円状に並べられ、連続する花文様を描き出している。中央アジアでは唯一のもので、私たちにとって記念すべき発見となった（提供：帝京大学）［→第九章］

目次

文中にゴシック体で挿入された記述は、聞き手・清岡央（読売新聞文化部記者）によるものです。

番号を付した図版の説明文は、各章の研究者によるものです。

オリエント古代の探求

日本人研究者が行く最前線

まえがき

清岡央

現代日本人が、古代エジプトやシルクロードに憧憬《しょうけい》するのはなぜだろう。テレビ番組でも、博物館の展覧会でも、つねに人気コンテンツであり続けてきた。秋の奈良では、天平《てんぴょう》の輝きを保つ正倉院宝物の展観が「シルクロードの終着点」の惹句《じゃっく》とともに毎年、多くの人を集める。文明揺籃《ようらん》の地が生んだ文化は古来、海陸の東西往来を経て遥か日本に流れ込み続けた。展示ケースのガラス器やテレビ画面に映るレンガ積みの都市遺跡に、エキゾチシズムとともに懐かしさを覚えるのは、われわれの感性のどこかが遠い祖先とのつながりを感じ取るからではないか。

新聞記者として考古学や文化財を取材してきたなかで、日本の遺跡発掘に次いで記事を書く機会が多かったのは、西アジア、シルクロード、エジプトなどでの日本調査隊による成果だった。背景には、これらの地域で日本人研究者が戦後間もない一九五〇年代から連綿と研究を蓄積してきた歴史がある。研究は当初、農耕の起源を求めて始まり、現生人類の拡散、都市の発生、信仰の盛衰などにテーマが広がった。関心の先には当然、日本への文化的影響もあっただろう。

そうした先達の調査隊に参加して学び、やがて自身で発掘権を得て現場を持つようになった研究者が、今も続々と増えている。近年の日本隊による調査で特筆すべきは、学問的関心の追究にとどまらず、遺跡や遺物の保存修復に力を注ぎ、土地の歴史の深さを現地の人々に知ってもらう活動に尽力している例が多いことだ。文化による国際貢献として、もっと日本で知られるべきだとつねづね思っていた。

東京文化財研究所の安倍雅史さんから「西アジアでの日本人研究者による発掘調査の成果を一般の方に知ってもらう本を出せないか」と相談をいただいたのは、二〇一八年の初夏だった。安倍さんはシリアやイランの遺跡を発掘する一方、最近は中東バハレーンの古墳群の調査を手がけている。歳が同じで、取材でのお付き合いだけでなく、上野や神田で幾度も杯を重ねてきた仲でもある。その頃ちょうど、私は日本のアンデス考古学者たちへの連続インタビューを本にまとめたばかりだった。依頼は願ってもなく、アンデスの本と同じインタビュー集の体裁を取ることにした。せっかくの機会なので、エジプトやシルクロードの研究者にもお声がけした。

本書のためのインタビューは後半で、新型コロナウイルス禍に直撃された。東京から地方の研究機関に出向くことも、直接会って取材することもままならず、刊行スケジュールは遅れた。オンラインでのインタビューもご提案いただいたが、感染拡大が小康状態になるのを待ち、対面取材にこだわらせてもらった。発掘現場の空気をできるだけ生き生きと活字にするには、視線を交え、息遣いを感じ、間断なく言葉を重ね合う対話が必要だと考えていたからだ。おかげで全員から、長時間にわたって熱い言葉を発していただくことができた。聞かせてもらった話を原稿にまとめる過程では、学術用語をできるだけ一般に使い慣れた言葉に置き換えつつ、正確性を損なわず、そのうえで異国の発掘現場の様子を少しでもリアルに伝えられるよう務めたつもりだが、まだまだ力不足だったかと思う。

それでも九人の研究者の話からは、個別のものとして捉えられがちなオリエント各地域の歴史が、実はダイナミックに結びついて展開していたことがおわかりいただけると思う。その解明に役立っているのは日本の考古学が培ってきた精緻な研究手法だ。また、研究に増して地元の人々との関わりに心を砕く姿も、ご理解いただけるのではないか。「発見至上主義」「宝探し的」と誤解されることさえある海外調査の現場が、いかに地道な作業か、しかしいかに知的興奮に満ちているか、少しでも身近に感じていただければこれに優る幸いはない。また将来、研究史の貴重な証言として繙《ひもと》かれることがあれば、とも思う。

ご多忙のなかインタビューにご協力いただいた九人の皆様と、暗中模索の企画段階からお力添えをいただいた中央公論新社の宇和川準一さんに、深く御礼を申し上げたい。

二〇二一年一月三日

第一章　アフガニスタン
バーミヤン遺跡
——人間の事象はすべて文化の内に

前田耕作

アフガニスタンは東西文明の十字路だ。インドから仏教が伝播《でんぱ》する道となり、アレクサンドロス大王がヘレニズム文化を携えて東征する道となった。アジア文化史家の前田耕作さんは、一九六四年に名古屋大学調査隊の一員として初めて仏教遺跡バーミヤンを訪れ、以来、ソ連侵攻と内戦を挟みながら往還を続けた。特に、二〇〇一年三月に、バーミヤンの象徴である二体の大仏をイスラーム原理主義の旧支配勢力タリバンが破壊したのちは、国際社会と協力して遺跡の保存修復に心血を注いできた。シルクロードをはじめ歴史への造詣はもちろん、宗教、哲学、文学などを該博《がいはく》に語る教養人の風格に、会うたびに圧倒される。

前田耕作（まえだ・こうさく）　一九三三年生まれ。和光大学名誉教授。日本イコモス副会長、文化遺産国際協力コンソーシアム副会長などを歴任。現在は東京藝術大学客員教授。著書に『巨像の風景——インド古道に立つ大仏たち』（中公新書、一九八六年）、『アフガニスタンの仏教遺跡　バーミヤン』（晶文社、二〇〇二年）、『玄奘三蔵、シルクロードを行く』（岩波新書、二〇一〇年）、『パラムナード——知の痕跡を求めて』（せりか書房、二〇一四年）、『バクトリア王国の興亡——ヘレニズムと仏教の交流の原点』（ちくま学芸文庫、二〇一九年）などがある。

大仏が破壊されてから一年半後の二〇〇二年一〇月、前田さんは二五年ぶりにバーミヤンを訪れた。

何度も見てきた大仏でしたが、爆破後の現場に立ったときの衝撃は、言葉では言い尽くせません。衣の一部とわかる大きな塊《かたまり》が目の前に落ち、ほかにもどの部分かわかる破片が、あちこちに飛び散っていました。

もう少し軽傷だろうと思っていたんです。せめて五〇パーセントは残っているだろうと。しかし大仏は九〇パーセント、壁画は八〇パーセントやられている。東大仏の龕《がん》上《じょう》を飾った太陽神など、有名な壁画はほとんど失われたと聞いていたけれど、それだけじゃない。小さな石窟の壁画まで徹底的に剝ぎ取られていました。呆然《ぼうぜん》としました。そして同時に、この惨状にどう対処すればいいのかという思いがよぎりました。

前田耕作さん（撮影：清岡央）

バーミヤンには、東西約一キロの摩崖《まがい》に無数の石窟《せっくつ》寺院が営まれ、それらを従えるように高さ三八メートルの東大仏と、五五メートルの西大仏がそびえていた。七世紀

図1－1　破壊された東西の大仏　2001年3月、タリバンによって破壊された西大仏（左）と東大仏（右）。2002年、ユネスコと日本の合同調査団が初めて現地に赴き、現状調査を行うと同時に、事後の文化遺産保護活動の展開について討議した。大仏足下にめぐらせた金網と、ダーリ語と英語で「土塊の持ち出しを禁ず」と記した看板はそのときに造られたものである（撮影：前田耕作）

には、インドへの求法《ぐほう》の旅の途中で寄った唐僧・玄奘《げんじょう》が、『大《だい》唐西域記《とうさいいきき》』にその姿を記している。タリバンは偶像崇拝がイスラーム法に反するとして、大量のダイナマイトやナパーム弾などを使い、二体を完全に破壊したが、もともと大仏にはイスラームとも共存してきた長い歴史があったという。

バーミヤンが八世紀の終わりから九世紀にかけてイスラーム化されたのちも、地元の人々は大仏を大切にしてきました。大仏の顔は爆破以前から削り取られていました。顔面の削除はイスラームの支配を受けたときになされたといわれますが、事情はそんなに単純ではなかったと思います。イスラームがやるなら、ただ顔面全体を壊せばよかったはず。ところが大仏の顔の切除は下唇の上まででとめてあり、非常に丁寧に削ってあります。それはバーミヤンの人々がイスラームへの改宗を求められたとき、仏教徒たちがその改宗の証《あかし》として削ったからではないでしょうか。その後、地元の人々は大きい西大仏を「お父さん」、それより小さい東大仏を「お母さん」と、呼称を変えて親しんできたのです。

大仏爆破ののち、前田さんは東京文化財研究所を中心とする日本の専門家チームの要《かなめ》としてバーミヤンに通い、ドイツ、イタリアなどの専門家たちとともに、破壊された遺跡の保存修復にあたった。大仏再建の是非をめぐり、国際会議で議論を戦わせることもあった。米寿を超えてなお、シルクロードを想い続ける行動力の源は、前田さんの生い立ちをたどると浮かんでくる。

生まれたのは三重県の亀山ですが、育ちは名古屋です。戦時中、父の転勤もあって、小学校一年の後期、岐阜県の瑞浪《みずなみ》小学校に転校しました。

そこで都会っ子は、いろいろないじめを経験しました。土地の子がみな藁草履《わらぞうり》を履いていたなか、ひとりズック靴を履いていたのがいけなかったし、みなが布の肩掛け鞄《かばん》か風呂敷だったのに、皮のランドセルを背負っていたのが災いして、何度も馬糞を入れられました。体力も負ける。けんかも負ける。耐え抜く方法はないものか。「学力で勝るほかにない」と周囲から諭され、頑張って勉強して級長になりました。当時の級長は、先生が勉強のよくできる子を選んで指名していましたから。級長になると、あらゆる受難を免れることができました。

小学校卒業後は旧制の恵那中学校に進みました。一年生のとき父の再度の転勤により、私は一人残って下宿することになりました。父の在所があった三重県の津賀に帰郷する旅は、変わりゆく日本の現状を映し出すものでした。しだいに焼土と化す名古屋市街、崩れ落ちた木曽川の鉄橋、グラマン機の銃撃……。

帰郷さえままならず、まもなく三重県の富田中学校に転校しました。のちになって、作家の丹《に》羽《わ》文雄《ふみお》や田村泰次郎《たむらたいじろう》が卒業生だと知り、「けっこう文人を輩出した学校だな」と思ったものです。やがて終戦の知らせを校庭で聞かされました。米軍の進駐とともに、私が所属していた柔道部は解散させられ、相撲部に変わる。すさまじい戦後が始まりました。

その頃の世相を、前田さんは読売新聞への寄稿で回想している。〈ある日、ぴたりと爆弾の投下も砲撃の音も止《や》んだとき、それがまぎれもない敗戦の告知であった。敗戦は倫理の崩壊であり、互助の喪失であり、剝《む》き出しの生存競争の始まりであった。窓ガラスのはまった汽車などなく、隙間あるところに人々はぶら下がった。トンネルに入れば煤煙《ばいえん》にむせんだ。なんといっても食糧不足が身にしみた。しゃびしゃびの雑炊を求め、ありつけるかどうか分からない長い行列に加わった〉（二〇一八年一月一九日付夕刊）

戦後になってもう一度、名古屋の惟信《いしん》中学校へ転校しました。この時代に出会った友人に、煙草屋の息子の川津益章《かわつますあき》君がいました。その頃、煙草屋というのは大変なものでした。経済が混乱していたなかでも、みなが長蛇の列をなして買い求めたのが煙草です。彼の家だけは豊かな現金収入に恵まれていました。親友だった私たちは、しょっちゅう連れ添い、彼からいろいろなことを教わりました。

彼に一番感謝するのは、本を読む楽しみを教えてもらったことです。当時誰も買えなかった全集本が、彼の家にはずらりと並んでいました。永井荷風《ながいかふう》も室生犀星《むろうさいせい》もありました。私が読んだのはドストエフスキー。河出書房から米川正夫《よねかわまさお》訳のざら紙の『ドストエフスキー全集』の刊行が始まったばかりの頃です。一冊読み終えては、次の配本を待ちました。読書癖がついたのは彼のおかげです。

映画も教えてくれました。高校生になると、通学電車の路線の終点駅に映画館がありました。二人で学校を通り越しては通いました。映画館で弁当を食べ、あらゆる映画を観ました。特にフランス映画。ひと月に学校を八九時間さぼり、朝礼のときに彼と二人、校長に呼び出されて台上に立たされたこともあります。心のなかで「自由をわれらに！（À nous la Liberté !）」と叫びながら。川津君はのち小学校の先生となり、生涯を終えました。

文学青年だった前田さんは、大学は文学部を目指そうとしたが、ここで一悶着《ひともんちゃく》が起きた。

当時、三重の寒村から中央へ出て、「国」の名が付く役所で働くのは最高の出世だと思われていました。それもあり、父は長男の私を公務員にさせるため、法学部か経済学部に入って欲しかったようです。「文学部は許さない」と言われたので、「じゃあ、やめだ。大学へは行かない」となった。「では」と、代わりに国鉄の試験を受けさせられ、合格しました。米原駅に配属されることまで決まりました。

ところが煙草屋の息子が、「俺は大学に行く。お前も行け」と願書まで取り寄せてくれた。「それなら」と受験したら、受かっちゃった。親父の台詞《せりふ》は「ついにうちから道楽者が出たか」でしたね。その後の青春の激烈な紆余曲折《うよきょくせつ》はいつの日か語るとしましょう。

名古屋大学文学部に入学し、哲学科で美学・美術史を専攻する道を選んだ。当時の大学のありようは、戦後復興の時代を反映し、おおらかで、学問的な活気があった。

その頃の哲学科には、マルクス主義を講義する先生方と、真反対の考え方の先生方がいました。

ヘーゲルを読むか、スピノザを読むかで決まるんです。ヘーゲルを読むのは、だいたい左翼の方につながり、スピノザは違う。だんだん両方を見る目が養われ、いいバランスでした。必修外国語でラテン語を勉強できたのも大きかった。インド哲学の授業をのぞきに行くとサンスクリット語も勉強でき、とても自由でした。また奈良の古寺巡りの旅を始めたのもこの頃でした。

この頃の前田さんに最も大きな影響を与えたのが、学外での師との出会いだった。文芸評論家で島木赤彦《しまきあかひこ》論や島崎藤村《しまざきとうそん》論などで知られる丸山静《まるやましずか》（一九一四〜八七年）だ。当時、丸山は名古屋駅裏の長屋に住んでおり、学生たちと頻繁に勉強会を開いていた。

たまたま汽車の中で会った名古屋大生から、「面白い先生がいる」と教えられて訪ねました。先生は本当の文学者で、本読みでした。完璧主義も徹底していて、勉強会で手を抜いたやりとりをしようものなら烈火のごとく怒り、破門を言い渡すんです。私も二、三回破門されました。破門しても若い私たちのことは気にかけてくれたので、自然と勉強会に戻れました。鍛えられましたね。

その頃、先生は一九世紀のマルクス主義から、現象学という二〇世紀の新しい哲学へ脱出しようと格闘されていました。私たちも高校生の頃にマルクスやレーニンの著作を読んで、はやり風邪のように左翼思想にかぶれていましたが、先生のおかげで超越のすべを知りました。学内にマルクスの『資本論』を読む会」が生まれたとき、それに対抗してバルザックの『人間喜劇全集』を読む会」をつくったのもこの頃でした。

丸山との勉強会の成果は、フランスの比較神話学者ジョルジュ・デュメジルの著作集を邦訳した『デュメジル・コレクション』(ちくま学芸文庫、全四巻、二〇〇一年)に結実し、丸山の没後に刊行された。

ほかに大学でお世話になったのが、考古学の先生たちでした。澄田正一《すみだしょういち》先生がずいぶん可愛がって下さり、各地の遺跡の発掘にも連れて行ってくれました。先生は日本の原始農耕の発生を研究されていたので、縄文時代と弥生時代の変わり目の遺跡が多かったと思います。

東西交渉考古学の岡崎敬《おかざきたかし》先生も助教授としておられ、シルクロードのことを教わりました。オーレル・スタインの中央アジア踏査の記録である『セリンディア』(一九二一年)という大冊の存在を教えられ、「こういう本をきちっと読むことがフィールドでは有効なんだ」と聞かされました。

前田さんが知の研鑽《けんさん》を積んでいた頃、名古屋大学で、アフガニスタンに調査団を送る話が持ち上がる。一九六三年のことだった。出発は翌年と決まった。

発案したのは山岳部登山隊でした。アフガニスタンの北東から南西に連なるヒンドゥークシュ山脈には無名峰が多く、最初に登頂すれば、山に自分たちで命名した名前が残せるという狙いが動機でした。せっかくアフガニスタンに行くのなら、仏教遺跡がたくさんあるので、それらを調査する隊も作って一緒に行かないか、という話になり、たちまち決まりました。

その頃、名古屋大学にはのちに薬師寺の管主になる安田暎胤《やすだえいいん》さんが、インド哲学科に法相《ほっそう》の根本である唯識学《ゆいしきがく》を学びに来ておられ、彼がいたおかげで薬師寺も支援してくれることになりました。それに一九六四年は玄奘三蔵の没後一三〇〇年にあたるので、仏教遺跡の調査と合わせて、玄奘のたどった道を踏査することも目的に加えたのです。

一九六四年夏、東海道新幹線の開業を目前に控え、東京五輪音頭で街が浮き立つのを背に、第一次名古屋大学アフガニスタン学術調査団は、日航機で羽田空港を発《た》った。荷物はパキスタンの港町カラチに船便で先に送り、カラチで合流する手はずだった。

一ドルが三六〇円の時代です。その頃、外貨の海外持ち出しは一人五〇〇ドルに制限されていました。それでは調査できないので、特別措置として一人一五〇〇ドルにしてもらいました。日航機に乗ったのも、「外貨節約のため」と国からの指示でした。

図１－２　パキスタンとアフガニスタンの国境トルハム　歩哨が見張る鉄線の前後４キロほどが国境線である。特別の許可証がない限り、カラチからのトラックはここを通過することができなかった。ただ、遊牧民の往来にはいかなる制限もなかった（撮影：前田耕作）

香港、バンコク、カルカッタを経由してカラチに着くと、荷物を積んだ船は沖合まで来ているのに、なかなか着岸しない。「役人に袖の下を渡すと、すぐ着岸させてくれる」と教えてもらったので、実行に移して荷物を引き取りました。

そこから二手に分かれました。荷物をトラックで運ぶ隊はインダス川沿いに陸路を北上し、私たちはプロペラ機でアフガニスタンのカンダハールに入りました。先回りしてトラックを用意し、国境まで迎えに行く予定でした。ところが行ってみると、国境は地図にあるような一本の線ではなく、四キロくらいの幅があるのです。登山隊の装備をふくめて二トンもある荷物をどうやって運ぼうかと思案していると、遊牧民のロバが行き来しています。当時、彼らは自由に国境を往来できたんですね。交渉して運んでもらうことができました。

こうしてようやく首都カーブルに着いてからが、また大変でした。当時アフガニスタンでは、首都郊外四キロ以上離れた地方や禁止地域への立ち入りは許可制になっていたのです。その交渉のすべてが、私にのしかかりました。毎日役所に出向きましたが、「ファルダー（明日来い）」の連続で追い返されました。

図１－３　カーブル博物館での交渉　博物館を訪問し、収蔵品の撮影許可のほか、今後の日本隊の活動を説明して支援のお願いをした。館長はアリ・モタメディさん（中央）。先年、梅棹忠夫と岩村忍が率いる京都大学隊に通訳として参加された民族学者で、話がはずんだ。モタメディさんとはフランス語、副館長のバラクザイさん（右）とは英語と、めまぐるしい対話のひとときであった（提供：前田耕作）

当時の駐アフガニスタン日本大使は真《ま》崎秀樹《さきひでき》さん。のちに昭和天皇の通訳を務められた方です。いろいろとアドバイスを下さり、私が書いた英文の申請書類を真っ赤になるほど添削してもいただきました。そのうえ、日本大使館に大臣たちを招いてパーティーを開いて下さり、私たちはその場で何とか許可を取り付けることができたのでした。そのパーティーの開宴中、ずっと美空ひばりのレコードをかけつづけて下さった河崎珪一《かわさきけいいち》一等書記官も忘れ得ぬ一人です。大使館でただ一人ペルシア語のできる人でした。あのとき、豪放な真崎さんが大使だったのは本当に幸運でした。

ヒンドゥークシュを目指す登山隊と別れ、私たちはバーミヤンへと旅立ちました。

バーミヤン仏教遺跡は、カーブルの西約一二〇キロ、ヒンドゥークシュ山脈中の標高約二五〇〇メートルの高地に位置する。東西に長いバーミヤン谷に、四~五世紀頃から寺院が造られ、最盛期には王城や伽藍《がらん》が立ち並び、摩崖を穿って二体の大仏と無数の石窟が営まれた。中国の唐からインドへの旅路にあった玄奘が足を踏み入れたのは、六二九年のことといわれる。玄奘は、グレコ・バクトリア王国の都バルフ（縛喝国）から南下し、夏も雪に覆われたヒンドゥークシュを越えてバーミヤン（梵衍那国）に入った。『大唐西域記』の描写が当時を知るよすがだ。「梵衍那国は東西二千余里、南北三百余里で、雪山の中にある。人は山や谷を利用し、その地勢のままに住居している。国の大都城は崖《がけ》に拠り谷に跨《また》がっている」（水谷真成訳、平凡社「中国古典文学大系22」。以下同）。人々の信心は篤く、「伽藍は数十カ所、僧徒は数千人」という仏都だった。大仏はすでに造立されていた。「王城の東の阿《くま》に立仏の石像の高さ百四、五十尺のものがある。金色にかがやき、宝飾がきらきらしている。東に伽藍がある。この国の先の王が建てたものである。伽藍の東に鍮石《とうせき》（真鍮《しんちゅう》の一種）の釈迦仏の立像の高さ百余尺のものがある。身を部分に分けて別に鋳造し、合わせてできあがっている」。石の東大仏を鋳造と記した理由は不明だ。まばゆく荘厳されていたために、そう見えたのかも知れない。

朝五時半に自動車でカーブルを出発し、玄奘が通ったのとは反対の道筋をたどりました。川筋に沿い、峠を越え、何も道しるべがないので、とにかく一番大きな道を選んで行きます。

車を押したりしながらシバルの峠（三二八五メートル）をようやく越え、バーミヤン州に入った途端、歩哨《ほしょう》が出てきて銃を突きつけられました。州境は州兵が警備していたのです。パスポートを見せて通してもらい、バーミヤンの町に着くともう真っ暗。どこに何があるのか全然わかりません。「バーミヤン・ホテル」という木造モルタル二階建ての宿にようやくたどり着き、泊まりました。唯一の国営の宿で、ここを調査の拠点にすることになりました。

翌朝、目が覚めると驚きました。部屋の窓の真正面に東大仏が見えるんです。大仏が朝日に燦《さん》然《ぜん》と照らされる様子は別世界にいるようで、感動しました。記録映画「カラコルム」で映像は見ていましたが、実物はもちろん初めて。はるかに壮大で荘厳でした。

ところが私は、着いて間もなく疲れが出て、腹痛で寝込んでしまいました。ベッドから起き上がれないんです。隊にはスケジュールがあるので、私を残して先に行ってもらいました。

本隊はその後、玄奘の通ったコースを逆にたどり、北へ向かった。あまりの起伏の激しさから「歯がガタガタする」という意味のダンダン・シカン峠を越え、バーミヤンの北約一〇〇キロ、ヒンドゥークシュの北側、仏教遺跡のあるハイバークにまで至った。途中ルイという土地の遺跡では、一九二四年にアフガニスタンを調査したフランスのジョゼフ・アッカンによる報告書『バーミヤンの仏教古址』（一九二六年）に挿図が掲載されたドホタル・イ・ノーシルワーン（ササン朝ペルシアのホスロー一世の娘）の壁画を再調査し、正確な実測図を作

図1－4　「バーミヤン・ホテル」　バーミヤンの大仏に対面する眺望のみごとな丘の上に立つ2階建ての国営ホテルがこれである。北に面する2階の部屋から、東大仏の姿と大仏に向かって真っ直ぐに延びるチナールの美しい並木道が見える（撮影：前田耕作）

図1－5　東大仏の前までつづくチナールの並木道　（撮影：前田耕作）

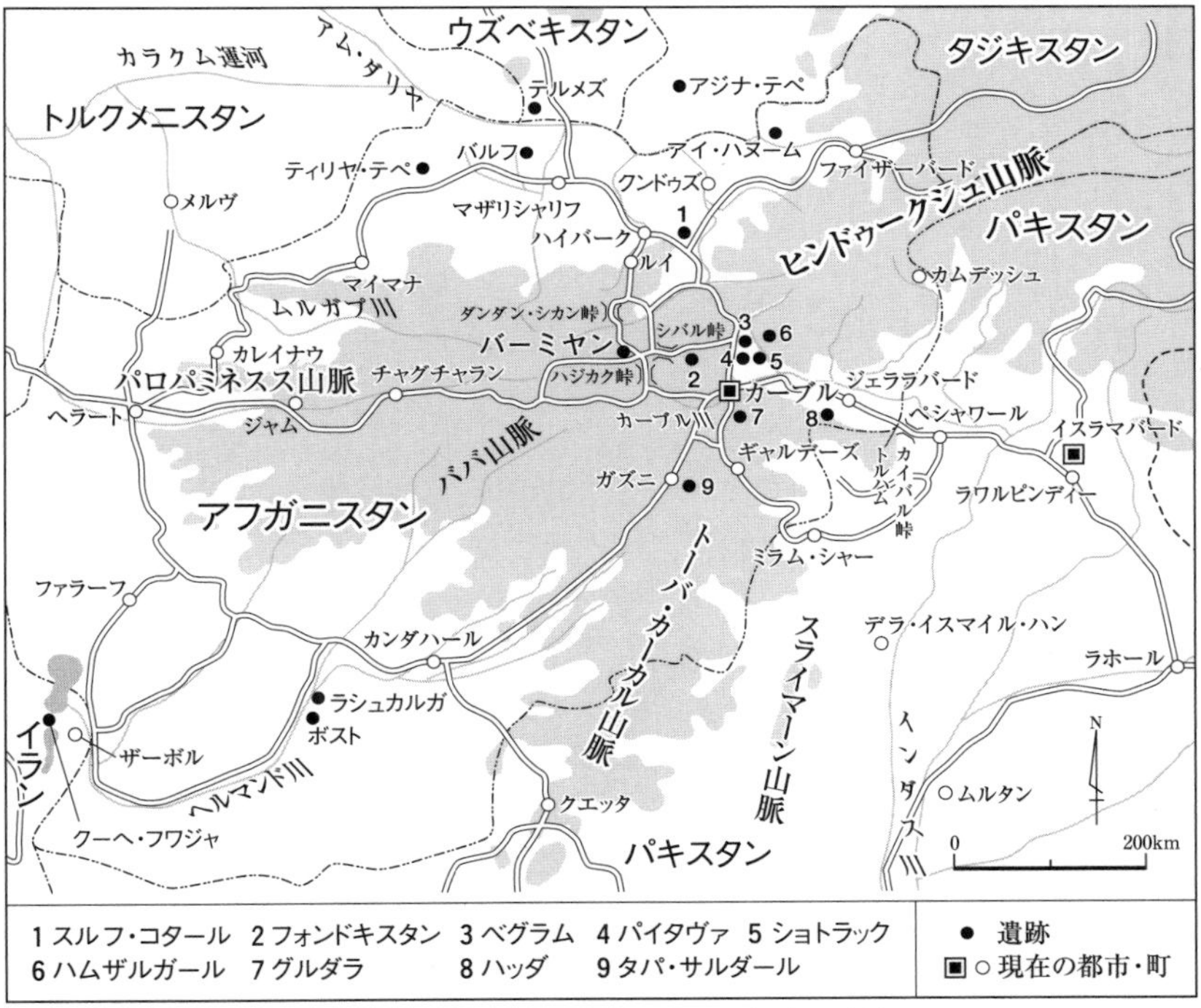

図1－6　アフガニスタンの主な都市と遺跡

図１－７　「バーミヤン・ホテル」のテラスにて　ホテルの北側に張り出すテラス、その向こうに東大仏が見える。一人居残り作業のあと、午後のひとときを憩う。季節の変わり目に、この谷には砂塵を巻き上げる風が吹き抜ける。江上波夫は「億年の風吹き渡る谷」（『幻人詩抄』）と歌いあげた（提供：前田耕作）

図１－８　緑蔭濃いバーミヤンの邑の彼方に見える西大仏　玄奘が「王城の東の阿に」あると記述したその眼差しの的確さに驚かされる。当時は「金色にかがやき、宝飾がきらきらして」いたという。顔面が削られたのはバーミヤンがイスラームの侵入を受けて以来のことである。それでも55メートルの巨像の威風は消えていない（撮影：前田耕作）

成するなどの成果を上げた。

バーミヤンに残った私は、一週間くらい寝込んだものの、だんだん体力が戻ってきたので、日本から背負ってきたアッカンの報告書『バーミヤンの仏教古址』を、この際、全部日本語に訳すことにしました。訳しながら浮かんだ疑問点を現場で照合し確かめるため、昼間は石窟を片っ端から見て回りました。毎日、荷物持ちで付き添ってくれたムソーというタジク人と一緒に石窟に通い、夜はランプの焔《ほのお》の下でフィールドノートとアッカンの報告書を照らし合わせ、フランス隊の記述を確かめていったのです。疲れた夜の慰めはガストン・バシュラールの「夢叢書」の頁をめくることでした。

図１－９　天井部の人頭像　第XI窟の八角堂の天井部は円形のドームをなし、天頂部の中心は八角形、周囲は六角形の亀甲紋の連接という意匠で覆われている。その連接の空間部に埋め込まれているのが、このプリュギア風の帽子を被った男の頭像である。バーミヤン文化の多彩さをかいま見せ、孤独な調査者のこころを慰めてくれた（撮影：前田耕作）

バーミヤンの石窟は、小さいものも含めると七五〇前後あります。東大仏周辺の石窟はフランス隊が、アルファベットでA窟からL窟まで順に呼称を付けていました。符号・番号が付いている石窟の調査を終えると、次はそれらがない石窟の調査です。一人で入れないような高い所にも石窟はたくさんありましたが、ムソーさんに肩車をしてもらうと入れる場所もあります。
そうして辛うじて這《は》い上がれた石窟の一つは、ずっと奥まで続いていました。奥の部屋に進んだとき、思わず息を呑《の》みました。「えっ！　仏様が見えるじゃないか」。朱色の衣を着た仏陀が坐《すわ》っていたのです。これまで未報告の壁画でした。
バーミヤンの石窟の多くは、イスラーム化されたのち、人が住居として使ってきました。残っていた壁画もその間に削り取られたり、煮炊きで出た煤《すす》でべったり汚れたりしているのが普通です。ところが、その部屋は物置きか何かに使われていたのでしょう、壁画が良好な状態で残されていました。夢中であたりの壁を調べました。壁は泥をかぶっており、ハンカチで拭いてみても泥は落ちません。ハンカチにつばを付けてそっと拭いてみました。すると、泥が落ちて鮮やかな壁画が姿を現しました。あと二体の仏の坐像《ざぞう》が姿を現しました。

名古屋大学は一九六九年にふたたび調査隊を送り、前田さんが発見した石窟も詳しく調査した。その結果、菩薩立像《ぼさつりゅうぞう》、比丘像《びくぞう》、供養天女像《くようてんにょぞう》の鮮やかな姿がよみがえった。石窟は名古屋大学のイニシャルを取って「N洞」と名づけられた。現在は「N窟」とも呼ばれる。

本当は一九六四年のあと、二年ごとに行こうと考えていたんです。ところが、大学紛争の気配が高まり、なかなか海外調査どころではありませんでした。一九六八年にはパリで五月革命が起きる、騒然とした時代でした。

一九六九年にようやく、建築史の小寺武久《こてらたけひさ》さんを隊長に第二次学術調査団を組織し、「イラン的仏教芸術」を主題とする調査を行うため、ふたたびバーミヤンに行くことになりました。この頃、大仏の修復を目的としたインド隊も入っていました。それぞれに目的が違う隊なので、調査をさせよ、させないでトラブルも起こりましたが、当時アフガニスタン考古学研究所の所長であったゼマルヤライ・タルジーさんの、文化遺産の保護・研究に国境はない、という鮮やかな裁定

図１－10　バーミヤン石窟Ｎ窟の〈麗しの供養天女像〉 1964年の調査のときには、まだ薄く塗られた壁土の下に微かに頭光の輪郭が目に止まっただけであった。最初に見つけたのは赤い衣を着した小さな坐仏であった（撮影：前田耕作）

図1－11　西大仏の足下でインド隊員とともに　調査に入った1969年は、インド考古局（ＡＳＩ）のセン・グプタ率いるインド隊が、ユネスコ基金によって遺跡の修復事業に着手したばかりの時期であった。考古学調査と保存事業が交差し、互いに学び合った（提供：前田耕作）

があり、両隊は協働することになったのです。親善のため、定期的にバレーボールの試合をしたりしました。

建築史グループの頑張りで、石窟の実測調査はほぼ全窟で実施することができましたが、壁画の撮影は隊員が高山病になったりして完了できませんでした。しかし仏教美術の宮治《みやじ》昭《あきら》さんが奮闘し、双眼鏡を片手にスケッチをとり続け、何とか調査を終えることができたのです。

バーミヤンの調査ののち、小寺さんと私はイランに飛び、パルティアとササン両朝の遺跡を見て回りました。ゾロアスター教の研究の必要性を強く認識させられた旅でした。

ようやくにして羽田に帰ると、一切の交通機関が止まっていました。ベトナム反戦を訴える学生たちが機動隊と衝突した新宿騒乱事件が起きていたのです。社会が激動した時代でした。その後、アフガニスタンではソ連軍の侵攻、内戦、大仏の爆破と続いたので、このときの調査をまとめた報告書『バーミヤン――一九六九年度の調査』（名古屋大学）は、今でもバーミヤンの石窟・

壁画研究の貴重な基礎資料になっています。

前田さんは一九七一年に和光大学助教授に就いたのちも、壁画調査のためにバーミヤンに赴いた。バーミヤンの壁画が、なぜそれほど重要なのかは、アフガニスタンの地勢と大きな関係がある。

バーミヤン壁画は仏教壁画です。仏教壁画というと、中央アジアの壁画やインドのアジャンター壁画を思い浮かべますが、バーミヤン壁画はそのなかでも独自の位置を占めます。さまざまな流派の画工たちが流れ込み、絵筆を揮《ふる》っているのです。ヘレニズムの神々も、イラン系の神々も描かれています。何という混沌とした世界でしょう。

仏画のなかで圧倒な位置を占めるのは、弥勒《みろく》の像です。弥勒像は二世紀頃、クシャン朝（一〜三世紀にアフガニスタンからインド、中央アジアにかけて栄えた古代王朝）のとき、アフガニスタンに発するカーブル川流域に生まれたというのが私の説です。このことはバーミヤンの弥勒世界の多様性と西大仏の造像に深く関係します。

玄奘は『大唐西域記』に、東大仏を「釈迦仏」と記した。だが、西大仏の仏名についての記述はない。

東大仏は、玄奘が記した通り釈迦と考えていい。その釈迦仏の上、仏龕《ぶつがん》の天井に描かれた大構図は、四頭の有翼の白馬に曳《ひ》かせた二輪の戦車に乗って天空を翔《かけ》る、太陽神の図像です（口絵2）。日輪を背負うこの太陽神は、ゾロアスター教（拝火教）の聖典『アヴェスター』の中の賛歌「ミフル・ヤシュト」に歌われたミスラの神と考えられます。地上に釈迦の大仏、天上にイランの太陽神という組み合わせは、バーミヤンならではです。

仏典では、釈迦が亡くなって五六億七〇〇〇万年後に現れる未来仏が弥勒ということになっています。でも、もともと弥勒はイランの神格を借りながら、遊牧の王朝クシャン朝の時代に生み出されました。クシャン朝時代の新たな造仏活動が、やがてバーミヤンで引き継がれてゆきます。

西大仏の仏龕の天上部に残っている画片を集めると、弥勒がかつていた兜率天《とそつてん》という天上世界が描れていたことがわかります。断片しか残っていませんが、天井画に竜華樹《りゅうげじゅ》という兜率天を特徴づける樹木が描かれています。釈迦なら菩提樹《ぼだいじゅ》、弥勒なら竜華樹と決まっています。だからその下には弥勒菩薩が描かれ、下方にはこの兜率天上から衆生《しゅじょう》を救うために地上に下生《げしょう》された弥勒の像が彫り出されたということになります。ある仏典には、弥勒は釈迦より大きいとも記され、西大仏の方が東大仏より一七メートル高いことと符合します。

玄奘は東西の大仏のほか、「巨大な涅槃仏《ねはんぶつ》があった」とも書いています。そうすると、まず釈迦の出現があり、やがて釈迦が涅槃に入り、そして未来仏の弥勒がその彼方《かなた》に登場するという壮大な仏教世界のドラマが、あの谷の一キロあまりの摩崖空間に展開していたことになるわけです。背後のヒンドゥークシュの山を越えれば、拝火教の都バルフがありました。永遠の火に対峙《たいじ》して、バーミヤンには弥勒の巨像が立っていた。つまり、異なる宗教が山を挟んで響鳴していたわけです。このファンタスティックな照応を最初に指摘したのは、詩人のゲーテでした。

ゲーテは『西東詩集』のうち、オリエントに思いを馳《は》せた「パルゼ（ペルシヤ）人の巻」の注釈にこう記した。「バルヒ、バミアン両都市はあのように近接しているから、特に眼につくのであるが、バミアンでは、途方もなく巨大な狂気沙汰の偶像をつくって崇めているのに、一方バルヒでは、浄火を祀る神殿が存続し、この宗派の大僧院も設けられて、無数の拝火僧があつまっていたのであった」（小牧健夫訳、岩波文庫）。「バルヒ」はバルフ、「バミアン」はバーミヤンだ。

ゲーテがどうして知ったのかその道筋の詳細はわかりませんが、ヒンドゥークシュを挟んで、像でなく火を拝む信仰と、巨大な像を造る信仰とが相対した、壮大なイメージが書かれています。そういう文明史上の非常に重要な場所で造仏活動が行われたことこそ、バーミヤンの決定的に面白いところなのです。

一九九三年にバルフの南方のラバタクで発見されたクシャン朝の碑文には、信仰された神々の名前が列記され、イラン、中央アジア、インドの三つの宗教が礼拝対象だったことが刻まれていました。バーミヤンは、この三つの世界の宗教を総合したクシャン朝の文化的潮流を引き継いでいるわけです。あの狭い谷で、多様な異なる宗教が、仏教という形のなかに融合されていった非常に見事な例でした。

だから、もっと北西のバルフに行って発掘すれば、別の事象が見えてくるはずです。バルフで

図1－12　石窟に登る　1974年秋。垂直の摩崖に穿たれた石窟の内部調査を行うため、カーブルで調達してきた竹梯子をつなぎ合わせ、土地の人々の協力を得て登る筆者。摩崖の崩落は年ごとに増し、石窟へのアプローチを困難にしている（提供：前田耕作）

の本格的な発掘調査はまだほとんど行われていません。かつては旧ソ連と向き合う地であったため外国隊が活動できなかったし、アフガニスタン人研究者もなかなか行けなかった。

平和を取り戻して考古学的な調査活動が活発に行われるようになれば、国際的な文化交流とは何かを具体的に教えてくれる考古遺跡や遺物に必ず出会えるはずです。だから私たちは、アフガニスタンに惹《ひ》かれてきたわけです。一つの宗教がほかの宗教を排除するのではなく、すべてを包み込む形をとった文化圏が存在した。その具体相が考古学の成果によって浮かび上がれば、現代史的な意味もきわめて大きいと思うのです。

だが、その後も継続するはずだったバーミヤン調査は断念せざるを得なくなる。一九七八年のクーデターによる社会主義政権樹立に続き、翌七九年一二月、「親米政権阻止」の名目でソ連軍がアフガニスタンへと侵攻を始めたからだ。親ソ政権が樹立され、これに対して米国の軍事援助を受けた武装勢力が徹底抗戦し、泥沼の戦いが続いた。

戦争は突如始まりました。私たちはすぐに新宿で抗議集会を開きました。一方で、日本でもアフガニスタンの社会主義化を支持する人々がいました。彼らは団体を作り、現地の実情を知らない関係者から、私も入会をすすめられましたが、「事情は違います。そんな力ずくの不条理な革命は信用できません」と断りました。

そして現地に思いを寄せ続ける人たちが集まれる新たな場所にしようと、「アフガニスタンを愛する会」を作ったのです。この会の有志で、のちに「アフガニスタン文化研究所」を設立しました。

アフガニスタン社会に、社会主義革命が起きるだけの大変な矛盾があったのは事実です。多数を占めるパシュトゥン人に対し、バーミヤンなどは少数派のハザラ人が主体で、彼らは差別の対象でした。公務員になる資格は与えられず、カーブルの茶店に行けば下働きはみなハザラ人。階級差が大きく、社会主義化で新しい世界が始まるという幻想があったことも事実です。そこをソ連は突いたわけです。だからアフガニスタンの人々が、ソ連派とマスード（反ソ連ゲリラの司官）の抵抗運動を支援する人たちとに、必然的に別れざるを得なかった。

それ以降、ジャーナリズムはアフガニスタンで起きる銃撃戦しか伝えなくなります。そんな折、あらためてバーミヤンの歴史的・文化的意義を問いかけようと思い立ち、『巨像の風景』（中公新書）を一気に書き下ろしました。一九八六年のことです。

ソ連軍は一万五〇〇〇人を超える死者を出し、一九八九年二月に撤退した。だが、平和は訪れず、国内各派が入り乱れての内戦が続く。終わりの見えない混乱に人々が倦《う》んだ一九九〇年代半ばに、厳格なイスラーム原理主義を掲げるタリバンが忽然《こつぜん》と現れた。瞬く間に支配地域を広げ、カーブルを含む国土の大半を押さえた。

内戦下では多くの文化遺産が海外に流出し、ソ連侵攻のときよりも深刻でした。カーブル博物館も略奪され、多くの貴重な収蔵品が古美術商を通じて海外に売られました。

そうした文化財は日本にも多くが流れ着き、日本画家の平山郁夫《ひらやまいくお》先生が中心となって、それらを「文化財難民」として保護しました。それらの祖国への返還が決まるのは、ようやく二〇一六年のことです。東京国立博物館で開催された「黄金のアフガニスタン」展の際でした。

タリバンは一九九七年にもバーミヤン大仏の破壊を宣言し、このときは国際社会の反発から撤回した。しかし二〇〇一年二月になってタリバンの最高指導者は、国内すべての彫像破壊を命じる。ユネスコをはじめとした国際社会の説得を無視し、三月にバーミヤンの大仏は破壊された。同年九月一一日のアメリカ同時多発テロを経て、一一月にタリバン政権が崩壊すると、文化遺産復興をめぐって翌二〇〇二年五月にカーブルで国際会議が開かれた。日本からは東京藝術大学学長だった平山郁夫さんが出席した。アフガニスタンの関係者が大仏再建を求めたのに対し、平山さんは「負の遺産」として現状で保存することを主張した。この会議で日本は、ユネスコのバーミヤン遺跡保存修復事業への資金提供を表明した。これを受け、同年九月から一〇月にかけ、日本とユネスコの合同調査団がアフガニスタンに派遣された。その一員として前田さんは、二五年ぶりにバーミヤンを訪れた。

現地に行ってみると破壊は徹底的で、まずは破片を拾い集める以外ない、ということになりました。壁画の八〇パーセントは消えていた。消えた壁画の一部はバーミヤンの骨董屋にも流れていました。土地の人も便乗して売ったようです。骨董屋に交渉して引き渡してもらい、倉庫に保管しました。そうしないと、また海外に流出してしまいますから。カーブル博物館も弾痕生々しく、荒れ果てていましたが、入り口に掲げられた「文化が生き残れば、国もまた生き残る」と書かれた横断幕に強く心を打たれました。

調査団の目的は、ユネスコ文化遺産保存日本信託基金を活用したバーミヤン遺跡保存の事業案策定だった。日本信託基金は、日本がユネスコに資金を拠出し、各国の文化遺産保護に役立てる仕組みだ。世界が高く評価するわが国の国際貢献の象徴である。バーミヤンのほか、カンボジアのアンコールワット遺跡の保存修復や、パキスタンのモヘンジョダロ遺跡保存の人材養成などでも活用されている。

二〇〇三年にパリでユネスコが主催する国際会議が開かれ、バーミヤン遺跡保存修復の、どの仕事をどの国が担当するかが決められ、日本は壁画を担当することになりました。バーミヤン壁画は法隆寺壁画の源流といわれるくらいで、日本が一番知悉《ちしつ》しているという自負がありましたから。

ドイツが大仏の破片を拾い集めて保存し、イタリアが爆破でひびの入った摩崖の保存を担うことに決まりました。偶然ですが、この三か国は第二次世界大戦の敗戦国。破壊から復興した自らの経験を役立てようというのです。各国から万雷の拍手で承認されるというドラマチックな決定でした。

この年、「バーミヤン渓谷の文化的景観と古代遺跡群」がユネスコの世界遺産に「危機遺産」として登録された。バーミヤンの保存修復事業は、今も続いている。保存修復事業の過程で行われた調査によって、さまざまな発見があった。放射性炭素年代測定で、大仏造立の時期がそれまで考えられていた六世紀末より、五〇〜一〇〇年古いとわかったのは大きな成果だ。壁画に関する発見もあった。

壁画の顔料分析ができたのは画期的でした。谷口陽子《たにぐちようこ》さん（筑波大学）が中心になって分析し、あのN窟の壁画では油絵の技法が使われていたことを発見したのです。確認されている最古の油絵技法として大きなニュースになりました。バーミヤン壁画をもって油絵の起源とするのではありませんが、それまでヨーロッパ発祥と考えられてきた油絵が、そうではないとわかったのです。図像だけでなく技法面でも、バーミヤンは文字通り東西文化の十字路だったわけです。

図１－13　現地の人々からの聞き取り調査　2007年夏。2003年に「渓谷の文化的景観と考古遺跡群」によって世界遺産に認定されたバーミヤンは、同時に「危機遺産」としても登録された。空港の整備が進むと、その周辺部も急速に変化し始める。その実状を村人に聴きながら、より正確な情報を収集するのも保存活動の重要な仕事である（撮影：籾井基充）

図１－14　保全作業のための情況調査　2007年夏。ｉ窟の坐仏の背後に穿たれた右繞道（プラダクシナ）の側壁に描かれた立仏群の保全作業の前後には、精密な情況調査を行わなければならない。壁画のところどころに白い縁止め（エッジング）の痕跡が見える。このｉ窟の本尊坐仏の天蓋に描かれたのが、かの名高い〈楽天図〉である（撮影：谷口陽子）

二〇一六年四月一一日、東京藝術大学の美術館陳列館で行われた特別企画展の内覧会に、ひときわ感慨深い面持ちの前田さんの姿があった。企画展には、アフガニスタンから流出して日本で保護された文化財とともに、東京藝術大が最新技術で作った原寸大の東大仏天井画の復元模造が展示された。一九七〇年代に日本の調査隊が撮影した約一五〇点の写真などをもとに高精細デジタルデータを作り、当時から剝落していた部分も推定可能な範囲で復元。そのデータを、壁画に近い質感を再現した和紙に大型プリンターで印刷し、ドイツ隊が計測した3Dデータをもとに凹凸まで立体的に再現した土台に貼った。仕上げにはラピスラズリの絵の具も使って色彩を再現した。もちろん破壊された天井画は取り返せない。だが、精巧に復元され、持ち運び、触ることもできる「スーパークローン文化財」は、文化財保護の新たな可能性を提示した。

バーミヤンの体験からいえることは、これからの遺跡調査では、三次元の映像データを残すのが必須になるということです。タリバンにせよ、シリアやイラクで文化遺産を破壊したイスラーム過激派組織「イスラーム国」（IS）にせよ、文化的に重要視されているゆえに標的とし、破壊するという新しい現象が生まれてきています。

近年の技術は、レーザーなど新たな科学的結実も使ってさまざまな測定が可能で、それによって得られた各種のデータをもとに、いつでも復元ができるようになりました。破壊されてもまた復元してみせることで、破壊の無意味さを知らしめることもできるのです。また最近のドローン

復元された東大仏天井画を見上げる前田耕作さん（撮影：清岡央）

を駆使しての映像の活用は、考古学にとどまらず、教育の現場においても新しい視野を与えています。

前田さんが今、発言し続けているのは、日本の国際貢献に「文化」をきちんと位置づけ、戦略的に取り組みを進めることの重要性だ。

最近は「SDGs」といって、持続可能な発展のために、国際社会共通の理念・目標が呈示されています。しかし「SDGs」は、経済的にいかに破綻《はたん》なしに発展できるか、その持続可能性に力点が置かれていて、生きることを支える不可欠で根源的な力としての文化の重要性への言及が、そこからは抜け落ちています。文化というものは、そんなに無益なものなのでしょうか。文化の活動なしには、「生」の基本的で豊かな持続可能性は担保できないことを、新型コロナウィルス禍が痛切に私たちに教えてくれました。人間はパンのみにて生きるにあらずです。

私たち考古学者の文化を捉える視点も変わったと思います。昔はすぐ「ナントカの起源」を求めました。西アジアなら、牧畜の起源とか、農耕の起源とか。でも実際には、一番把握しにくいのが起源です。始めに混沌ありきで、語源の不確定性、その曖昧さを言語学が鮮やかにいちはやく気づかせてくれました。

今は違います。文化が交差する生き生きとした現場を見つけることが重視されています。文化

図１－15　思い出深いＮ窟にて
2006年９月29日（撮影：籾井基充）

というものは、たとえどんなに離れているようでも同時代的な共鳴がある。その現場を見出し、その具体的な在り方や仕組みを示すことで、現代に新しい提言を行う。それが考古学の大きな使命だと私は感じています。

私たちがシルクロードの調査研究に取り組んでいるのは、物資や知識が行き交い、異なった文化が交流し育んだ人類の歴史が、現代に生かせるからです。ただひたすらロマンを追っているわけではありません。未知の交流の軌跡をとことん追い求める行為そのものがロマンなのです。

私が好きな「ポイキリア」というギリシャ語がありますが、「多色で織りなす」という意味です。歴史・文化はどんなに単層に見えても、実はいくつもの交差といくつもの層で織りなされています。それゆえ私たちの眼差しもまた複眼でなければならないということです。これがバーミヤンから私が学んだことです。

エジプト

第二章　サッカラ遺跡

——ツタンカーメン時代の墓の発掘に挑む

河合　望

ツタンカーメン（在位、紀元前一三三三～前一三二三年頃）は、現代最も名を知られた古代エジプトのファラオ（王）だ。黄金に彩られた王墓の発見譚《はっけんたん》こそ有名だが、意外にもその生涯や治世の状況はわかっていない。歴史上「忘れられたファラオ」だったツタンカーメンの時代に、早稲田大学隊で長く研鑽《けんさん》を積んだ河合望・金沢大学教授が光を当てようとしている。

河合望（かわい・のぞむ）一九六八年生まれ。米国エジプト調査センター特別研究員、早稲田大学高等研究所准教授、カイロ・アメリカン大学客員教授などを経て、二〇一九年から金沢大学教授。著書に『ツタンカーメン 少年王の謎』（集英社新書、二〇一二年）など、訳書に『古代エジプト』（共訳、岩波書店、二〇〇七年）などがある。

一九二二年、ナイル川西岸の「王家の谷」で、英国のエジプト考古学者ハワード・カーターがツタンカーメン王墓を発見した。五〇〇〇点もの副葬品が盗掘をほぼ免れて残り、王のミイラが身につけていた黄金のマスク（口絵3）はファラオの威光を伝える副葬品として名高い。八歳頃即位して一九歳頃に死んだとされるツタンカーメンが生きたのは、先王アクエンアテンの宗教改革を経て伝統的な信仰へと揺り戻された激動の時代。だが、王の知名度と裏腹に治績の研究は近年まで進んでこなかった。

ツタンカーメンは死後、歴史から抹殺されました。第一八王朝最後の王ホルエムヘブは、ツタンカーメンが造った神殿などの建造物を破壊し、石材を新しい建物の詰め石や基礎に転用しました。第一九王朝のセティ一世やラメセス二世の時代には、歴代の王名表から名前が消されました。エジプトの伝統宗教を否定したアクエンアテンや、その息子のツタンカーメンは、のちの王にとって求心力維持のためにも、存在を消してしまう必要があったのです。カーターによる墓の発見まで歴史から忘れ去られ、地上の手がかりも失われていたため、これまで研究が進んでいませんでした。

河合望さん（撮影：清岡央）

ツタンカーメンの父アクエンアテンは、アメン神を中心とした古代エジプトの伝統的な多神教信仰と決別し、太陽神アテンをアクエンアテン自らが唯一の祭祀者《さいししゃ》となって崇拝する一神教に転換した。首都もテーベからアマルナに移す。伝統的な神官団が政治的影響力を強め、王権の脅威になったことが背景にあったという。だが、アクエンアテンの死によって宗教改革は頓挫し、ツタンカーメンの時代にふたたびアメン信仰が復活する。

図2－1　アクエンアテン王の巨像　伝統的多神教から太陽神アテンのみの一神崇拝を導入したアクエンアテンの像は、グロテスクなほどに自身の肉体的特徴を誇張して表現している。この巨像は治世初期にカルナク神殿の東側に造営したアテン神殿に配されていた。高さ310センチ。カイロ・エジプト博物館蔵（撮影：河合望）

ツタンカーメン時代の主要な高官の墓は、カイロ近郊のサッカラ遺跡に営まれました。それらが次々と発見され、資料が集積されるようになったのは一九八〇年代前後からです。そうした資料を有機的に結びつけてツタンカーメンの時代を復元する研究は、ようやく緒《しょ》に就いたばかり。

地中海
ブト
サイス
テル・ヘブア
カンティール
アレクサンドリア
ヘリオポリス
ギザ
カイロ
サッカラ
ダハシュール
シナイ半島
ファイユーム
メンフィス
グラーブ
リシェト
ベニ・ハッサン
アマルナ
(アケトアテン)
ヘルモポリス
紅海
アクミーム
アビドス
テーベ西岸
リビア砂漠
テーベ
(ルクソール)
ヒエラコンポリス
エル=カーブ
エドフ
エレファンティネ
アスワン
アニバ
アブ・シンベル
N
0
200km
図2－2　エジプト全図

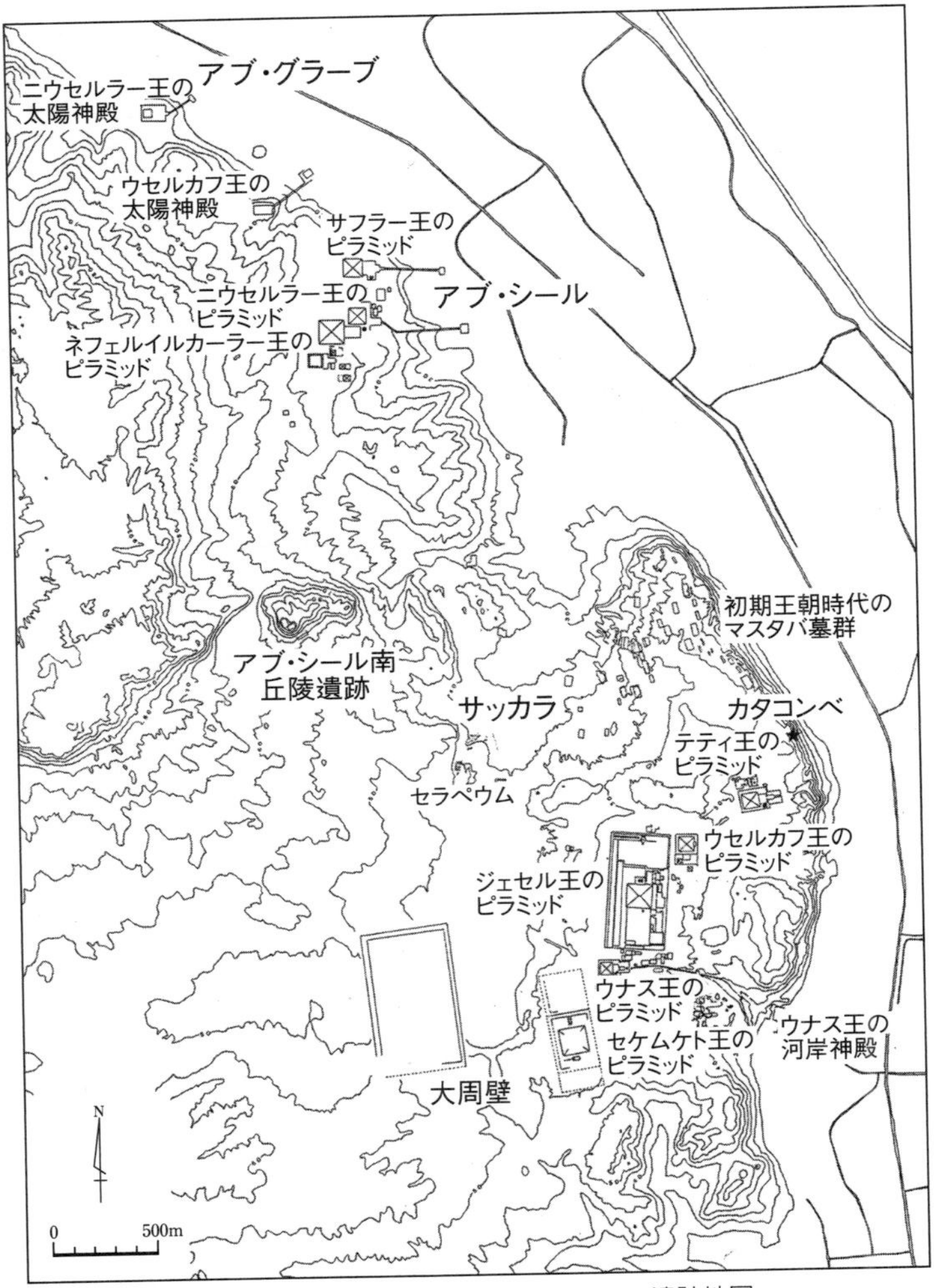

図２－３　アブ・シール、サッカラ遺跡地図

私は既存の資料に加えて、自分で一次資料を発掘して歴史を再構成するために、サッカラ遺跡を発掘しています。

二〇一九年、河合さんはサッカラ遺跡の発掘で、紀元後一～二世紀のローマ帝国支配時代のカタコンベ（地下集団墓地）を発見し、日本でも大きく報じられた。内部から数十体のミイラを含む遺体のほか、エジプトの女神イシスとギリシャの女神アフロディーテの特徴を併せ持つ素焼きの女神像などが見つかり、ローマ支配下のエジプトの埋葬習慣を伝える貴重な発掘例として注目された。

新王国時代を狙って発掘を始めたわけですが、上の層から新しい時代の物が出てくるのは往々にしてあることです。新王国時代の遺跡というとナイル川中流のテーベが注目されます。しかしテーベはあくまでアメン信仰の中心地で、葬祭殿や王墓が造られましたが、王宮が存在した当時の行政・経済の中心はメンフィスです。そのメンフィスの墓地がサッカラでした。

サッカラに営まれた当時の高官の墓は、まだ十分には発見されていません。いま私が発掘している場所の近くでは、ツタンカーメンの乳母の墓（口絵4）や、ラメセス二世時代にヒッタイトと交渉した外交官の墓、アメンヘテプ三世からアクエンアテン王の時代の宰相の墓などが見つかっています。これからも調査は続けますので、いずれツタンカーメン時代の高官の墓も見つかる

図２－４　ローマ支配時代のカタコンベ　2019年に筆者が率いる調査隊によってサッカラ遺跡で発見された１世紀頃のローマ支配時代のカタコンベ（地下集団墓地)。古代に何度か開封の痕があるが、発見時には日干しレンガで入り口が封鎖されていた（撮影：河合望）

図２－５　エジプトの神々の図像とギリシャ語碑文の書かれた石碑　カタコンベの入り口中央上部の岩盤の掘り込みに置かれた状態で発見された。エジプトの神々、右からアヌビス、トト、ソカルの姿があり、ギリシャ語碑文から「メネラオス」という聖職者に対して捧げたものであることがわかる。高さ50.5センチ（撮影：河合望）

はずです。

河合さんがエジプト学研究に進んだ原点も、子供の頃、ツタンカーメンの謎に魅せられたことにある。

成長が止まってしまったんですね。大人になりきれなかった。小学生の頃、テレビ番組でツタンカーメンの黄金のマスクがブラウン管いっぱいに映るのを見て衝撃を受けました。カーターの『ツタンカーメン王のひみつ』(塩谷太郎訳)という本を何回も読み返しました。王妃が葬儀で花

図2－6　イシス・アフロディーテとハルポクラテスのテラコッタ製像　カタコンベの内部から出土した。イシス女神はギリシャ・ローマ世界で広く信仰され、ギリシャのアフロディーテ女神と習合した。ハルポクラテスはギリシャ神話の沈黙の神で、イシス女神の息子ホルスをギリシャ化したものである。ここでは珍しく黒い肌で表現されている。高さ57.5センチ（撮影：河合望）

を捧《ささ》げる想像イラストなどもあり、海外の遠い昔の話ということでロマンをかき立てられました。歴史も好きで、近所の遺跡を自転車で回り、土器や黒曜石《こくようせき》を拾う考古少年でした。中学生のときに池袋の西武百貨店で古代エジプト展が開かれたときに、ウレタンでピラミッドを作るイベントがあり、そこで初めて吉村作治《よしむらさくじ》先生にお会いしました。握手したぐらいでしたが。

大学受験で所沢に開設したばかりの早稲田大学の人間科学部を受けたのも、吉村先生が助教授になったことを知ったからでした。行ってみると先生はものすごく怖い人でした。毎週のように授業のあと、研究室でお昼をごちそうしてくれましたが、そこで一挙手一投足「なっていない」と怒られたんです。言葉遣い、礼儀、電話の受け答え。おかげで一般常識を身につけさせていただき、感謝しています。吉村先生が早稲田に作ったプレハブのエジプト調査室にも所沢から通い、遺物整理をしながら先輩方の指導を受けました。

初めてのエジプト調査は大学二年生の一二月。早稲田隊はルクソール西岸の貴族墓が集中する場所を発掘した。

当時の考古学の世界は上下関係が厳しく、ロマンを感じるどころではありませんでした。毎朝六時の朝食に間に合うよう、厨房でおかゆを作って並べ、現場に持って行く道具を揃《そろ》えます。忘れ物なんかしたら、どれだけ怒られたか。

現場では午前七時から発掘。厳しい先輩の指示に従います。測量の記録を取っていた紙の図面を山羊《やぎ》の集団が食べそうになり、図面を守るために走ると、「河合、遺跡を走るな!」と怒号が飛びます。

午後二時頃に昼食を食べたあとは野球です。バットもグローブもベースも日本から持って行きました。風呂を焚《た》くのも仕事で、熱くてもぬるくても怒られます。夕食後は宴会。その支度をし、宴会の最中にはウイスキーを飲みながら歌を歌う。ただ歌うのではだめ。替え歌にしたりしてウケなければいけません。次の日はお客さんが来るからと、宴会用の食器を前もって揃えたり、つねに先を見て考えなければなりませんでした。

遺跡の現場も同じです。翌日の発掘がどういう展開になるか、言われる前に自分で考え、滞りなく準備する能力を期待されていたわけです。一般の仕事もそうですよね。つらくて辞めたいと思うこともありましたが、自分が選んだ道だから、くじけてはいけないという思いでした。

その年の早稲田隊は、ルクソール西岸の「王家の谷」西谷で、ツタンカーメンと同じ第一八王朝(紀元前一五五〇~前一二九五年頃)のアメンヘテプ三世(在位、紀元前一三九〇~前一三五二年頃)の墓の調査を開始した。

アメンヘテプ三世の墓は第一八王朝最大の墓です。カーターがツタンカーメンの墓の前に発掘

図2－7　アメンヘテプ３世の巨像（メムノンの巨像）とルクソール西岸　アメンヘテプ３世は古代エジプト新王国時代の最盛期を築いたファラオである。この２体の像は、アメンヘテプ３世の葬祭殿の第１塔門の前に鎮座していたが、現在では第１塔門は残っていない（撮影：河合望）

し、「完全に掘り尽くした」と報告していました。

ところがわれわれが行くと、まだ瓦礫《がれき》が山のように堆積し、掘ると破片ながらさまざまな副葬品が一〇〇〇点以上出てきました。王妃の黄色ファイアンス（焼き物）でできたシャブティ（人物の小像）片、王の青色ファイアンス製ブレスレット片など、破片でも質がものすごく高い。

アメンヘテプ三世の時代は第一八王朝の最盛期。オリエント最大の帝国になり、物や技術が周辺地域から集まりました。副葬品は細かな意匠《いしょう》にも凝ったもので、壁画も超一級の技術でした。もともとツタンカーメンに惹《ひ》かれてエジプト学に足を踏み入れたので、第一八王朝の遺跡に触れてツタンカーメン時代の研究をしたいという思いが強まりました。

実際にツタンカーメンを研究テーマとして定めたのは、米国ジョンズ・ホプキンス大学院に留学してからだった。

博士論文のテーマを決めるにあたり、ツタンカーメンを選びました。研究はたんに個人がやりたいからではなく、世界的に見て学界に貢献できるかが問われます。世界で一人でも同じテーマで書いている人がいれば、独自性がない限り認められません。

もともと、エジプトの特定の王の治世に注目して論文をまとめたいと思っていました。ツタンカーメンは墓の発見や副葬品について書かれた本はありましたが、彼が生きたのがどういう時代で、どんな王だったか、何をしたかについて、包括的にまとめた研究はまだありませんでした。だから、やろうと決めました。

ポイントは二つ。まず、ツタンカーメンはアテン信仰をアメン信仰に戻したわけですが、まったく同じ形には戻りませんでした。碑文には「アメン信仰に戻した」と書いてあっても、あくまでも王を賛美する内容ですから、実際にどうだったかを考古学や美術史などの視点も交えて検証する必要がありました。もう一つは、幼くして即位したツタンカーメンが自分で国を治めるのは不可能でしたから、実際にどういう高官たちがいて、それぞれがどういう役割を担っていたかを明らかにすることが必要でした。

ツタンカーメンの治世は、アマルナ時代に行われた宗教改革の揺り戻しによって、信仰が激動した時代だった。

アクエンアテンの宗教改革は、約一五〇〇年の歴史のなかで出来上がった信仰を一代で変える劇的なものでした。ただ、弱点は彼を通じてしかアテン神を崇拝できなかったこと。そして、来世を否定したことです。

それまで、人は死ぬと来世でオシリス神として復活するとされてきましたが、アテン信仰では死ぬと肉体は滅び、魂のような存在の「バー」が昼間現世を彷徨《ほうこう》して夜は墓に戻るとしました。それをエジプト人は受け入れられなかった。さらに、アクエンアテンを通じてしかアテン神を信仰できなかったため、彼が死ぬと信仰も成り立たず、アメン信仰による揺り戻しが起きました。ツタンカーメンも元の名は「アテン神の生きる姿」という意味の「ツタンカーテン」だったのが、「アテン」を「アメン」に変えて「ツタンカーメン」としました。

ただ、そこですぐにがらっと変わったのかどうか。西洋の研究者はイエスかノーか、白か黒かをはっきりさせる考え方をしがちです。ですが、私が調べると「ツタンカーテン」から「ツタンカーメン」にすぐ名前を変えたのではなく、ある時期に名前を二つ持っていた証拠が見つかりました。前の時代を直ちに否定したのではなく、フェードアウトしながら、アメン信仰を復活させたのだと考えています。表向きアメン信仰に戻していきつつ、父親から叩《たた》き込まれたアテン信仰も持ち続けていたのではないでしょうか。そういう白黒はっきりしない状況というのも、日本人は感覚的にはわかりますよね。

アマルナ時代には伝統的な神々の神殿が閉鎖され、神官団も存在できなくなりました。ツタンカーメン時代になると神官をふたたび任命したことが碑文に書かれています。実際に誰が神官になったかを研究で明らかにできました。

一九九〇年代にドイツ隊が発見したアメン神の大司祭の墓を、許可をもらって調べました。すると、かつてのアメン大司祭と異なり、他の神々にも配慮していたことがわかりました。例えば、アメン神の大司祭の称号に、かつて太陽神ラーの神官が持っていた称号も交えていました。かつては完全にアメン神中心でしたが、復活後は太陽神ラーやメンフィスの神プタハなど、他の神々とアメン神のバランスを取る、新しい形の国家信仰ができたのです。新しい神官組織の在り方も解明できました。

幼少で即位したツタンカーメンに代わって激動期の国政を担った高官たちがいた。特に力を持った人物として、アクエンアテンの右腕だった老臣アイと、軍を率いる大将軍ホルエムヘブの二人が知られている。両者が敵対関係にあったかどうか、どちらが優位だったかをめぐっては、さまざまな説が提起されている。

アイは中部エジプトのアクミーム出身で、王家と遠戚くらいの関係でした。アメンヘテプ三世の頃からアクミーム出身者が力を持ちました。アメンヘテプ三世の王妃ティイの両親にあたるイウヤとチュウヤ、ツタンカーメンの養育係センケドなどがいました。ホルエムヘブについていえば、当時軍人の力が大きくなっていました。ヒッタイトが南下し、エジプトとの国境であるシリア周辺も脅かしていたからです。ホルエムヘブは軍を統括しただけでなく、財務、建設などあらゆる行政機構を統括していました（口絵5）。

二人の関係をはじめ、二人の下にどんな高官がいてどう動いていたかを探るため、碑文や近年見つかった墓、ヒッタイトの楔形《くさびがた》文字など、さまざまな文字資料や図像資料を分析したところ、具体的な様相が見えてきました。

アイは王の後見人、ホルエムヘブは国土の実質的統治者として役割分担をしていました。しかしツタンカーメンの死後、バランスが崩れます。ツタンカーメンには子供がいなかったため、アイはツタンカーメン王妃との緊密な関係をアピールして王位を継承しました。アイはホルエムヘブを失脚させ、最終的に縁者のナクトミンを「大将軍」「皇太子」としました。

一方、ホルエムヘブはアイ王の存在を無視して、王に匹敵する自分の力を誇示しました。サッカラのホルエムヘブの墓にはアイ王の時代に描かれた絵が残り、ホルエムヘブが高官に金の首飾りを与えています。本来、王が行う行為です。二人は完全に敵対関係になりました。

高齢のアイ王がわずか四年ほどで死ぬと、ホルエムヘブが即位して、アイとその関係者の記念

図２－８　ツタンカーメン王墓　1922年11月にほぼ未盗掘の状態で発見され、副葬品は約5000点に上る。壁画の右端にはツタンカーメン王の死後王位を継承する儀式を行うアイ王の姿が描かれている（撮影：河合望）

物を徹底的に破壊しました。ホルエムヘブはアメン信仰への復帰も強力に進め、ツタンカーメンの「復興碑」の王名を自分の名に書き換え、自らがアメン神を復興させたかのようにも装いました。こうして、ツタンカーメンは歴史から抹殺されていったのです。

河合さんは二〇一六年に始まった「大エジプト博物館合同保存修復プロジェクト」に参加している。老朽化したカイロのエジプト考古学博物館に代わる新博物館が、日本の国際協力機構の円借款によって建設されるのに伴い、ツタンカーメン王墓からの出土品をはじめとする文化財の調査、保存修復にエジプトの専門家とともに取り組んでいる。

ツタンカーメン王墓で発見された遺物は約五〇〇〇点に上りますが、実は約七割がまだしっかりと研究されていません。この機会に科学的な調査や保存修復を行っており、そのなかで新たな知見が得られています。

例えば染織品です。墓からは亜麻布《あまぬの》製のチュニック、シャツ、飾り帯、ふんどし、頭巾、手袋、靴下などが発見されています。大部分は墓の前室で発見された八つの箱に収められていました。ところが、カーターはほとんど記録を残していません。それどころかカーターの調査隊は、出土品の梱包材として使うなど、今では考えられないこともしていました。古代エジプトの壁画にはさまざまな図像が残され、ファラオの衣服も描かれてはいます。ただ、それらはあくまで理想的、儀式的なイメージで、当時ファラオが実際に着ていたものは壁画だけでは知ることができません。考古遺物を丹念に調べることで明らかになるのです。

また、チャリオットと呼ばれる二輪馬車は王墓から六台見つかっています。「戦車」と呼ばれることも多いのですが、必ずしも戦闘に使われたわけではないことがわかりました。

二輪馬車を大エジプト博物館に移送する際に、詳細に観察する機会があり、金貼りの車体に何か別の物を装着したような痕跡が見えました。ボディの左右の下部に青銅製のバンドがそれぞれ二か所残っており、バンドの位置の長さを計ると三七センチでした。馬車のすぐ横では天蓋《てんがい》のフレームも見つかっていて、カーターが描いた図面が英国オックスフォード大学に所蔵されていま

図２－９　ツタンカーメン王のチャリオット　ツタンカーメン王墓からは６台のチャリオットが発見された。JICAの「大エジプト博物館合同保存修復プロジェクト」の調査により、この金張りのチャリオットの操縦席に天蓋が装着されていたことが明らかになった（撮影：河合望）

図２－11　天蓋が装着されたツタンカーメン王のチャリオット想定復元図　図には表されていないが、天蓋の骨組みには日除け用の亜麻布が付けられていたと考えられる（作図：金沢大学河合望研究室）

図２－10　ツタンカーメン王の天蓋　ツタンカーメン王墓を発掘したカーターは、この天蓋を移動用の王の日除けと考えたが、チャリオットに装着されていたことが明らかになった。蝶番が付いており、折りたたみ式である（撮影：河合望）

す。調査すると、下部に三七センチの接合部分があることがわかりました。天蓋付きの馬車だったわけです。車体にはガラスや紅玉髄《こうぎょくずい》(カーネリアン)などが象眼《ぞうがん》され、神々やツタンカーメンの名が装飾されており、戦闘ではなく祝祭で使われたと考えられます。

戦闘や儀式で使われる二輪馬車は、西アジアに起源を持ち、エジプトには紀元前一五五〇年頃に新王国時代が始まる直前、西アジア系のヒクソス王朝が支配した時代にもたらされたとされる。

古代エジプトの人々は、新しい技術をそのまま導入するのではなく、手を加えてより有益な形に改良していました。ヒッタイトとエジプトが戦ったときに、双方の戦車は同じ起源なのに、ヒッタイトは三人乗りでエジプトは二人乗りなど、形も性能も違いました。

よくヒクソス王朝が支配した時代は、異民族の支配や内政の混乱もあって、「負の時代」というイメージで語られます。しかし必ずしもそうではありません。軍事技術にしても、青銅製品の量産化にしても、さまざまな新しい技術が導入され、その刺激を受けて第一八王朝に技術を革新していきます。そうした技術革新の結果、広大な領土を獲得することができたわけです。

この頃、エジプトは西アジアに領土を拡大し、ミッタニ、ヒッタイト、バビロニア、アッシリアなどの強国と密接な関係を持つようになりました。多くの国々が互いに関係を持つようになって、経済もグローバル化しました。

青銅を作るにも、銅はキプロス、錫《すず》はアナトリアといったように、資源はさまざまな場所からもたらされました。二輪馬車の木材はニレの木とわかりました。エジプトにはなかった木で、トルコかシリア方面からもたらされたのでしょう。副葬品を飾ったラピスラズリはアフガニスタンでしか採れません。一方で、エジプトの南で採れる金は各国が競って求めました。

そういう西アジアのグローバルネットワークが出来上がった最初の時代が、ツタンカーメンの治世の直前ぐらいでした。ツタンカーメン墓の副葬品は、たんに豪華なだけではなく、当時の世界情勢を映しているのです。今後、未調査の七割を詳細に分析すれば、時代の様相がよりくっきりと見えてくるはずです。

「エジプト学」は、考古学だけでも、文献史学だけでもない。美術史や科学分析も含め、あらゆる資料を駆使して、古代エジプトの歴史と文化を復元する学問として発展してきた。エジプト学者の数だけ、手法はさまざまだ。

日本人研究者によるエジプトの現地調査の歴史は、まもなく六〇年に及びます。過去の蓄積の上に立って、世界の研究者と張り合うレベルの研究に昇華させる必要があります。私は早稲田隊の先輩たちが培った長い伝統のおかげで、現地の発掘調査を行っているわけですが、やる以上は自らが得た資料を使って、世界的な学界の議論に貢献できるような研究成果を提示しなければならない。だから、サッカラ遺跡で自分の現場を持って発掘しているんです。

これまでの新王国時代像は、二〇〇年近い調査の歴史があるテーベの資料を中心に描かれてきました。しかしそれでは偏りがあります。新たな資料が増えれば、新王国時代史を再構成できるのではないかと考えています。一人の人間がやれることは限られていますが、わずかでも歴史の一ページに何か残せるものがあれば、研究者冥利《みょうり》に尽きるといえるでしょう。

本章で言及した成果の一部は、JSPS科研費基盤研究(B)「エジプト、北サッカラ遺跡における新王国時代墓地の総合的調査研究」および金沢大学超然プロジェクト「古代文明の学際研究の世界的拠点形成」の助成を受けたものです。また、ツタンカーメン王のチャリオットと天蓋に関する研究は、JICA大エジプト博物館合同保存修復プロジェクトの成果の一部です。ここに記して、感謝申し上げます。

第三章　ヒエラコンポリス《エジプト》遺跡

――ファラオの形成過程を求めて

馬場匡浩

古代エジプトといえば、巨大ピラミッドや豪奢《ごうしゃ》な副葬品が権勢を伝えるファラオの時代というイメージが強い。では、そうした強大な権力を生んだ身分差は、どのように生まれ、強化されていったのか。早稲田大学エジプト学研究所の馬場匡浩研究員（インタビュー当時）は、権力発生の過程を追究するなかで、世界最古のビール工房跡を発見したことが解明の手がかりになると考えている。

馬場匡浩（ばば・まさひろ）　一九七四年生まれ。英国カーディフ大学客員研究員、早稲田大学文学学術院助教、早稲田大学高等研究所准教授、早稲田大学エジプト学研究所研究員などを経て、二〇二一年四月から東日本国際大学エジプト考古学研究所客員教授。著書に『エジプト先王朝時代の土器研究』（六一書房、二〇一三年）、『古代エジプトを学ぶ――通史と10のテーマから』（六一書房、二〇一七年）などがある。

高校二年生のときのことです。ある土曜日、サッカー部の練習から帰ってくると、たまたまTBSテレビで吉村作治《よしむらさくじ》先生の番組を放送していました。アブ・シール遺跡の発掘を追ったドキュメンタリーでした。発掘現場はもちろんのこと、調査期間中は先生が学生たちと寝起きしている様子を見て、「何だかすごい」と思いました。高校生にとって大学教授は雲の上の存在でしたから。海外でそういう学問をするのが面白そうで、早稲田でエジプトを勉強したい、と進路を決めたんです。当時は吉村先生が頻繁にテレビに出ていた時期で、早稲田に入ってみたら、私以外にも同じような学生がたくさんいました。

吉村教授のエジプト研究室には当時、学部や大学院の枠を越え、さらに早稲田以外も含めて、多くの学生が集まっていた。

お忙しい吉村先生は研究室にほとんどいません。いろいろ教えてくれるのは先輩たちでした。遺物整理とか、図面の書き方とか。地味な作業がたくさんあります。そこで基本を教わりました。初めてエジプトに行ったのは三年生の冬です。研究室で真面目にお手伝いを続けて、ようやく声をかけてもらえました。それまでに抜けていった同学年の学生もたくさんいました。

馬場匡浩さん（撮影：清岡央）

初めて参加した発掘調査の現場はルクソール西岸、「王家の谷」にある第一八王朝（紀元前一五五〇〜前一二九五年頃）のアメンヘテプ三世（在位、紀元前一三九〇〜前一三五二年頃）の墓だった。高校生の頃からあこがれた発掘現場だ。ところが、古代のロマンにひたっている暇はなかった。

学部生は「准隊員」と呼ばれ、食事の用意や資材の調達など、仕事がたくさんあるんです。それだけでも大変だったうえに、現場では先輩たちが厳しくて、少しでもミスをすると「バカヤローッ」と怒鳴られます。「セクション取れ」と命じられると、地層の断面から違いを読み取り、線を引いて区分けする作業も、先生や先輩に見られるなかで、おどおどしながらやりました。厳しく育ててもらいましたね。

帰国すると、すぐにまた吉村先生から「馬場、行け」と声がかかりました。次の遺跡は、ダハシュール北遺跡。一九九六年のことでした。

カイロ近郊のダハシュール北遺跡は、一九九〇年代半ばまで軍の管轄下にあったが、湾岸戦争後の緊張緩和で軍事地域から開放され、発掘調査ができるようになったばかりだった。「三大ピラミッド」で有名なギザよりも多くのピラミッドが密集し、「ピラミッド・フィールド」と呼ばれる。考古学者にとってはこの上ない魅力を持つ場所だ（口絵6）。

図3－1　イパイの墓　ダハシュール北遺跡で最初に鍬を入れて発見された新王国時代の墓。日干しレンガで構築された神殿に似た上部構造をもつ墓であったが、発見時はその基礎部分が残るのみであった（©東日本国際大学エジプト考古学研究所）

エジプトでピラミッドが築かれたのは、古王国時代（紀元前二六八六～前二一六〇年頃）と中王国時代（紀元前二〇五五～前一六五〇年頃）です。ダハシュールに行くことが決まり、古王国時代と中王国時代を一生懸命予習しました。なのになんと、行って最初に見つかったのは新王国時代（紀元前一五五〇～前一〇六九年頃）の墓でした。「シャフト」と呼ばれる竪穴《たてあな》を掘り、底から横に向かって埋葬室を設ける構造で、王の書記で執事でもあったイパイという人物の墓でした。ダハシュールで新王国の墓、というのは意外性があり、けっこう大きなニュースになりました。

以来、ダハシュール専属で一〇年間通いました。最初はここでも准隊員。「遺物整理に袋がいる」と言われれば、現場から一時間かけてカイロの街まで買いに行きます。「ブルーシートを買ってこい」と言われれば、「エジプトで売っているのか？」と思いながら探しに行きます。夜遅くまでかけて見つけました。日本の発掘現場では一般的な「テン箱」と呼ばれる、遺物を入れて積み重ねられるプラスチックの箱も探しました。探せばあるもので、今も早稲田隊は私が見つけた店でテン箱を買っています。

買い物から帰って遅い夕食を食べ、その日の調査の日誌をまとめると、寝るのは午前一時か二時。朝は六時に出発です。そんな日々が続きましたが、耐えました。大学院に入って「准」が取れて「隊員」となり、二〇〇五年には現場主任にしてもらいました。

その年の一月、馬場さんが主任としてダハシュールの現場を取り仕切った早稲田隊は、いきなり大発見に遭遇することになる。中王国時代の紀元前一七〇〇年頃の、未盗掘墓が発見された。

朝の九時頃、現場のテントで土器の接合作業をしていると、興奮しきった後輩が「馬場さん、なんかすごそうです」と駆け込んできました。行ってみると、深さ四メートル弱の竪穴の底に、南に向かって部屋が設けられ、そこに棺《ひつぎ》が一つ収められていたんです。

まだ入り口に土砂が堆積していましたが、隙間からのぞくと、全面を鮮やかな黄色で彩色した棺が見えました。箱式の木棺《もっかん》です。「わっ、荒らされていない。未盗掘だ」とわかり、震えました。古代エジプトの墓というのは、基本的にすべて盗掘されています。一〇年間発掘してきて、未盗掘墓は初めてでした。
棺はその日のうちに地上に引き上げました。

図3－2　セヌウの木棺発見　ダハシュール北遺跡で初となる未盗掘の墓は、中王国時代のセヌウという男性のものであった。写真は、木棺のまわりの土砂を慎重に取り除いている様子（©東日本国際大学エジプト考古学研究所）

エジプトには現代でも盗掘団がいるので、大事なものが見つかると、その日のうちに取り上げて、倉庫に入れなければいけないんです。大変でした。エジプト考古庁に電話しつつ、急いで取り上げる準備を整えます。ロープで吊《つ》るし上げ、倉庫に入れたときはもう夜でした。

棺には青色の顔料で供養文が書かれていた。それによって被葬者の名は「セヌウ」で、下位の軍人だったことがわかった。墓から取り上げて五日後、エジプト考古庁の担当官の立ち会いのもとで、木棺のふたは開けられた。

ビビりましたよ。ミイラは白い亜麻布《あまぬの》にくるまれていました。頭部の布を取ると、鮮やかな青で

図3－4　セヌウのマスクの頭部　マスクで最も特徴的なのが、頭部に覆いかぶさるようにあしらわれた鳥（バー）である。魂の一つであるバーは人面の鳥で表現されるが、ここではマスクのセヌウの顔と一体化している。鳥の両足は、永遠なる守護を意味する縄の輪（シェン）をつかんでいる（©東日本国際大学エジプト考古学研究所）

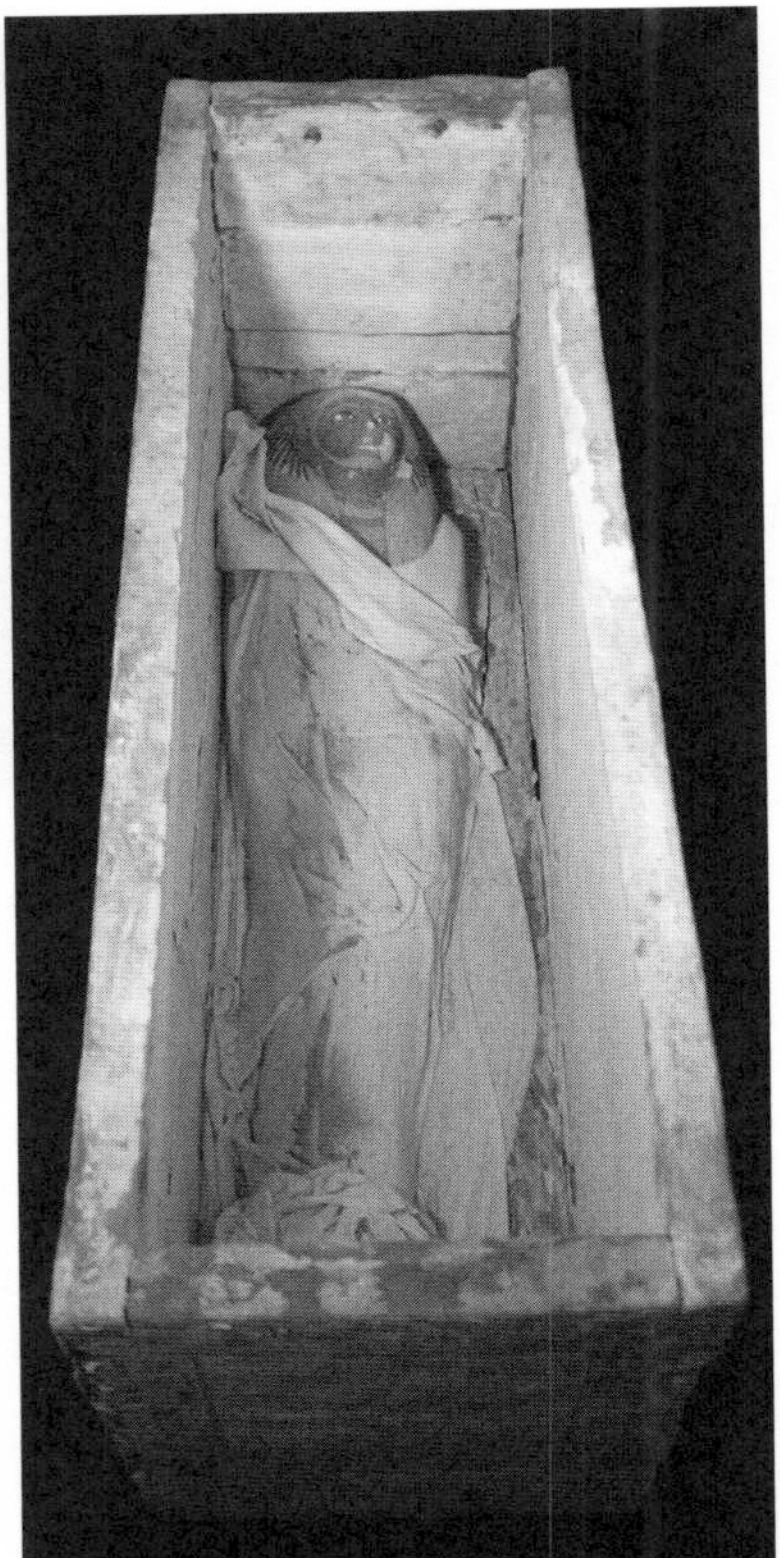

図3－3　セヌウのミイラ　棺の中には、純白の亜麻布にくるまれたミイラが横たわっていた。ミイラは、右肩を少しあげ、顔が横を向くように置かれていた。これは、棺に描かれたウジャトの眼を通して外の世界を見るためであり、中王国時代の一般的な埋葬姿勢である（©東日本国際大学エジプト考古学研究所）

彩られたミイラマスクが出てきました（口絵7）。亜麻布を漆喰《しっくい》で固めた「カルトナージュ」という技法で作られています。けっして身分が高いわけでない人物でも、これだけ立派なマスクを付けていたのです。マスクには被葬者の顔が描かれていました。その頭部には鳥が羽を広げており、胴体も二本の足も描かれています。この人物を上から鳥が守っているわけです。だけど鳥の顔はなく、被葬者の顔と一体化しています。

古代エジプト人の死生観では魂は二つあり、「カー」（生命力）と「バー」（個性・人格）と呼ばれる。このうちバーは人面の鳥で表現され、死後は肉体を離れて現世と来世を行き来すると考えられた。

鳥の羽の文様による装飾は「リシ装飾」と呼ばれ、ツタンカーメンの黄金の棺にも施されています。ただ、最古段階のリシ装飾であるセヌウのマスクは、頭部だけに羽が描かれていました。それが、ツタンカーメンの時代になると羽飾りが全身を覆っています。そういう意匠の変遷を研究するうえでも、未盗掘で見つかったマスクは第一級品だといえます。

セヌウの墓のすぐ隣でも、未盗掘の墓があらたに見つかりました。この墓には被葬者を埋葬した家族たちが埋葬の儀式で使った土器が、そのままの位置に並んでいました。棺には葬られた人物が外を見られるようにとウジャトの眼（守護や再生の象徴でもある）が描かれ、その前に供物が

図３－５　セベクハトの未盗掘木棺　セヌウの墓の東で新たに発見された未盗掘墓には、セベクハト（男性）とセネトイトエス（女性）の二つの棺が納められていた。写真はセベクハトの棺であり、発見時、ウジャトの眼の近くには小型の皿が供物として供えられていた（©東日本国際大学エジプト考古学研究所）

置かれていたのです。直径一〇センチほどの小さな土器に穀物を入れ、死者が食べられるように供えてありました。

供えたあと、家族たちは深さ四メートルの穴を上り、墓に土砂を入れ、一番上にマウンドを造っています。その上で最後の儀式を行っていました。ビール壺と呼ばれる土器が割られて見つかりましたので、おそらく最後のお別れにビールを飲んで、容器を粉々にしてから帰ったのでしょう。

ツタンカーメンの墓もそうですが、エジプト発掘の醍醐味《だいごみ》は、まれに未盗掘の遺跡に出会える可能性があることです。もちろんわれわれの目的は「大発見」をすることではありません。ですが未盗掘の墓はめったになく、エジプト研究ではふつう盗掘された墓を発掘し、マスクの断片など残されたわずかな手がかりをつなぎ合わせて、古代の歴史と文化を復元しようとしています。そんななかで未盗掘墓が出ると、計り知れない情報が得られます。その時代にどんな称号を持つ人物がいたか、どういう仕事をしていたか、どういう埋葬儀礼が行われたか、などを知ることのできる情報が全部そのまま残っています。歴史の一ページを書くことができるんです。

ダハシュール北遺跡を調査しつつ、馬場さんは二〇〇三年から、エジプト南部のヒエラコンポリス遺跡の発掘に取り組み始めた。ヒエラコンポリスはカイロから南に約六五〇キロのナイル川西岸に位置する。先王朝時代では最大規模の遺跡だ。エジプトの王朝時代は紀元前三〇〇〇年頃、ナルメル王が第一王朝を立てたときに始まる。それに先立つ紀元前四千年紀が先王朝時代と呼ばれる時代だ。大英博物館などによるヒエラコンポリスの調査には一〇〇年以上の歴史があり、神殿や土器工房、支配者層の墓や労働者の墓などが見つかってきた。いち早く都市化が起き、権力者が現れて社会が徐々に複雑化した様相が明らかになりつつある。先王朝時代研究者にとっての「聖地」だ。

早稲田隊の調査に参加しながら、個人の研究としてずっと、文明の形成過程に関心を持ってきました。二〇〇二年にポーランドで開催された先王朝時代研究の国際学会に参加したとき、ヒエラコンポリス調査隊長である大英博物館のレネ・フリードマン先生に会いました。先王朝時代の土器研究の第一人者です。後日遺跡を訪ね、「調査に参加したい」と言うと、簡単に許可してく

図3－6　ヒエラコンポリスの調査メンバー　さまざまな国から各専門家が集まり、学際的な調査メンバーが構成される。写真は、スイスのイグザビエ君が腕を振るったチーズフォンデュを堪能する夕食の一コマ（撮影：馬場匡浩）

れました。先生は国籍や性別、一切関係なく、熱意と能力があれば受け入れるという方です。遺跡を訪れるたびに、イタリア、フランス、スイス、ベルギーなど、いろんな国の研究者がいました。

私は広大な遺跡の一部を分担して調査させてもらうことになり、エジプト人を作業員に雇って発掘を始めました。エジプトで発掘するときは、必ず作業員を雇って現地に外貨を還元し、技術を習得させなければいけない仕組みになっています。一〇〇年以上前にイギリス人のピートリ先生が確立したシステムです。

ヨーロッパにおける古代エジプト文明への学問的関心は、一七九八年のナポレオンによるエジプト遠征が嚆矢《こうし》となった。ヨーロッパでエジプト・ブームが起き、宝探し的な発掘によって多くの遺物がエジプトから流出した。そうしたなかで、イギリスのエジプト学者フリンダーズ・ピートリ（一八五三～一九四二年）は、美術的価値が低いと軽視されてきた石器や土器などの遺物もできる限り報告書に記録するなど、近代的な発掘手法の確立に努めた。その手法は日本にも濱《はま》田《だ》耕《こう》作《さく》『通論考古学』（一九二二年）によって紹介された。

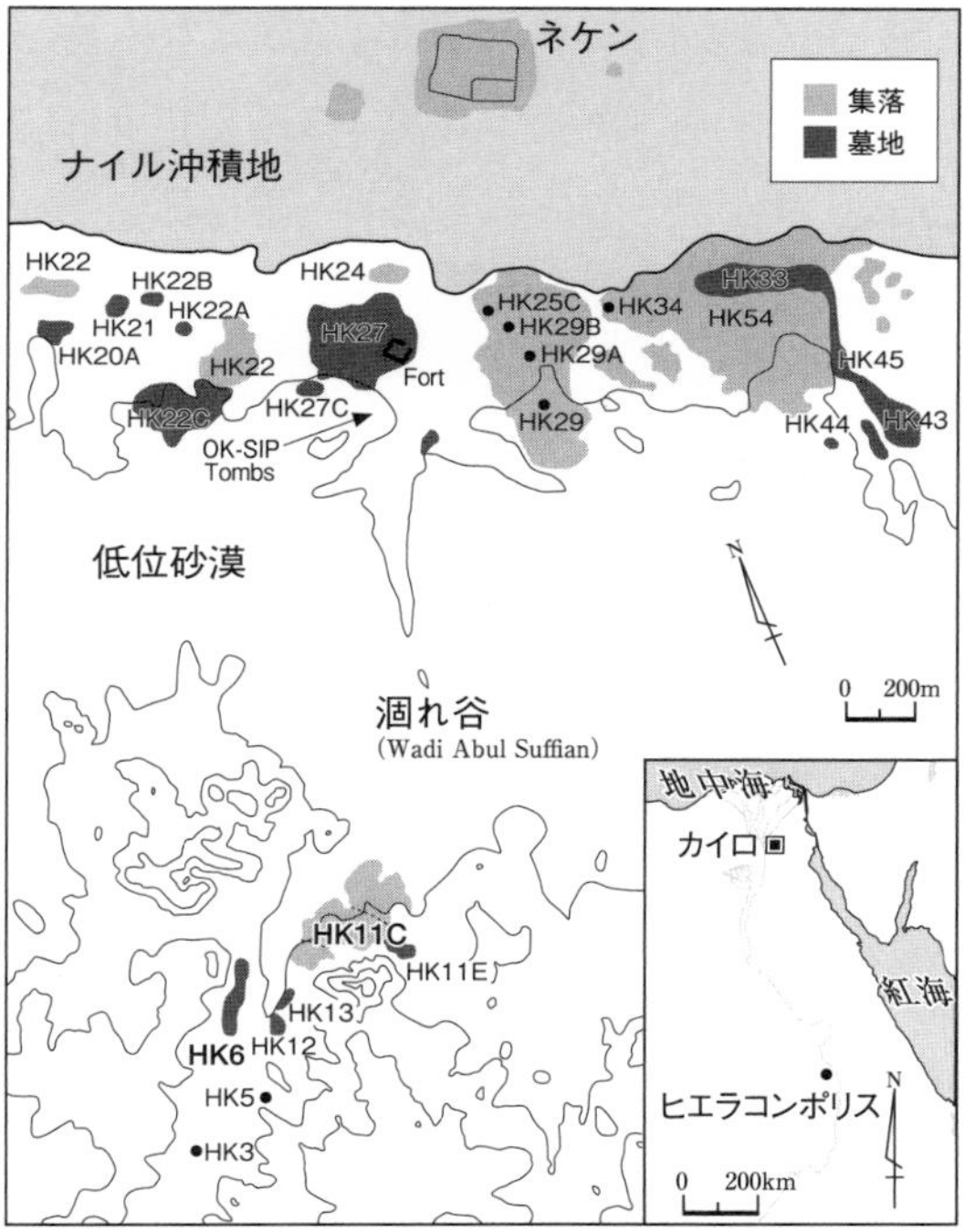

図３－７　ヒエラコンポリス遺跡地図　先王朝時代の主要な集落は、ナイル沖積地に近い低位砂漠に広がる。私の発掘区（HK11C）は、主要集落から２キロほどの涸れ谷内に位置する。支配者の墓地（HK6）のすぐそばである（作成：馬場匡浩）

図3－8　麦汁づくりの大がめ　工房内では、大がめが２列に並んだ状態で発見された。写真は最も残りの良い二つ。大がめ内には、ビール生産の残滓が付着しており、それを資料としてビールの科学分析が行われた（撮影：馬場匡浩）

ヒエラコンポリスは広い遺跡です。まず地中を磁気探査して、どこに鍬《くわ》を入れるかを考えました。磁気探査では、過去に強い熱を受けたことがある場所がわかります。そういう場所を掘ってみたところ、土器を作った焼き場の遺構が見つかりました。土器を焼くにも、この当時はまだ窯はなく、地面に掘った穴に土器を並べ、全体を粘土と土器片でパッキングして大量生産していたことがわかりました。そのすぐ隣で、ビール工房の跡がほぼ完全な形で見つかったので、隣で焼いていた土器は、作ったビールを入れる容器だったのでしょう。

ビール工房跡は、九メートル×五メートルの北側が開いた「コの字形」の壁で囲われ、中に少なくとも五つの大がめが並んでいました（口絵8）。大がめは残っている部分が直径五〇～八五センチほどで、もとは直径一メートルほどだったと考えられます。大がめの外から燃料を焚《た》いて内部を加熱する構造になっており、実際、内部には液体が熱せられて凝固した黒色で光沢ある残滓《ざんし》が残っていました。五つの大がめが同時に稼働すれば、最大三二五リットルものビールを醸造できたと考えられます。

ここがビール醸造の場だったことは、科学分析に基づいて明らかにされています。大がめ内の残滓や工房周辺の土の顕微鏡観察によって、原料に用いられたエンマー小麦の麦芽や、少量の大麦、発酵に必要な酵母のようなものの存在が判明しました。デンプン粒がゼラチン状に膠化《こうか》していたことは、麦芽が水とともに熱せられたことを物語っており、ビール生産工程における麦汁づくりが大がめで行われていたことを示しています。

さらに最近、詳細な成分分析を行い、画期的な成果が得られました。穀物から酒を醸造した際に生じるコハク酸やシュウ酸が検出され、人為的にアルコールを作っていたことが裏付けられました。多量のリン酸が含まれていたこともわかりました。リン酸は、現代でも清涼飲料水に防腐などのために添加されます。エンマー小麦よりも大麦に多く含まれていますので、古代のビール職人は大麦を加えることでビールが長持ちすることを経験的に知っていたのでしょう。

ナツメヤシなどの果物に含まれるプロリンも検出されました。発酵に必要な糖度を得るためと風味を高めるために、果物を加えていたのではないかと思います。ただ、ホップの添加もなく、たいした濾過《ろか》もされていなかったはずですから、味は現代のビールとだいぶ違う、麦味のどろっとしたアルコール飲料だったと思います。

このビール工房の遺構は、放射性炭素年代測定や出土遺物の分析から、紀元前三六〇〇年頃と判明した。現在までに見つかっている世界最古のビール工房だ。

先王朝時代のビール工房跡は、エジプトのほかの遺跡でもいくつか見つかっていますが、年代としてはヒエラコンポリスが最も古いものです。ただ、重要なのは古さだけではありません。同時に最大三二五リットルものビールを醸造したとすれば、家庭レベルの消費量をはるかに超えています。問題は、それがどこで消費されたのかということです。
古代エジプト人は大のビール好きでした。王朝時代には一般的な飲み物として大衆にも普及し、高貴な人々は貴重品のワインを飲んでいたことが壁画や文字資料からわかっています。ですが、先史時代に一般の人がどのくらいビールを飲んでいたかはわかっていません。

工房の立地が示唆的だ。遺跡の中でも、麦などの栽培を行っていたと考えられる集落域から約二キロ離れ、支配者層の墓域に近い場所に設けられていた。

立地から考えると、支配者層の墓前での儀礼のために生産していたのだと思います。人を酔わせるアルコール飲料には、儀礼的な意味合いが強かったはずです。

ヒエラコンポリスで台頭しはじめた支配者層は、ビール工房を造らせ、職人集団を管理していたのでしょう。そして、何か大きな宗教儀礼を行う場で、社会の構成員を呼び、ビールを振る舞う。人々は「なんだこのおいしいものは」と驚いたでしょう。そうやって神格化を進め、人々が自分についてくるようにするためのアイテムだったのではないでしょうか。工房によるビールの大量生産も、支配者層の台頭という社会の複雑化のなかで始まったと考えられるわけです。

私が解明したいのは、最初のエジプトの国家がどう形成されたのか、ということ。その過程は、ほかに古代文明が興ったアンデスとも、メソポタミアとも違うと思います。エジプトが独特なのは、ファラオという制度です。三〇〇〇年間に二〇〇人以上のファラオがエジプトを治めました。ただし、彼らは必ずしも血のつながりがあるわけでなく、異国の支配者が入ってきてファラオを引き継ぐこともできる制度でした。

そういう特徴的な制度が形成されてくるのも、ヒエラコンポリスがスタートでした。王朝時代には、神殿でビールやパンなどの供物を神に捧《ささ》げ、平和を祈るのはファラオの最も重要な仕事でした。権力が生まれた初期の支配者の頃に「神」という概念があったかはわかっていませんが、おそらく太陽や月など自然を信仰し、ビールを使って自然を鎮める祈りを捧げていたのではないでしょうか。

さらに最近、ビール工房の隣接地の発掘で、初期の権力による儀礼の様子を再現する手がかりが得られたという。

魚と肉を調理する施設が見つかりました。大量の骨が出て来ました。九メートル四方ほどの敷地です。その外側は掘っても何も出ません。骨は、牛、山羊《やぎ》、羊、豚。その半分以上が牛です。これは、通常ありえないことです。ふつう先王朝時代の集落遺跡で食べ物のゴミの割合を調べると、牛はほんのわずか。家畜として飼っていればミルクが採れるわけですから、今でもエジプトでは牛はほとんど食べません。そんな貴重な牛を、支配者のために火を使って加工しているんです。おそらく燻製《くんせい》にしたのだと思います。魚はナイルパーチという巨大魚です。支配者のためにビールを作り、牛肉と魚を料理する。支配者は儀礼の場で、それらを人々の飲食に供したのでしょう。

初期の支配者たちは、社会の構成員から「不平等だ」と反感を買わない方法を考えたはずです。そこで、自ら中心人物として儀礼を主宰し、儀礼を通して世界を安定的に支配する仕組みを徐々に制度化していった。その儀礼のためのアイテムを作り、それを振る舞えば、人々がついてくるようになる。やがて自身を神格化するような盛大な儀式を演出すれば、「ああ、あいつは神だ」ということになっていくわけです。それがファラオの形成過程だと考えています。

エジプト考古学はナポレオン以来、欧米の研究者によって牽引《けんいん》されてきた。日本隊の歴史はまだ六〇年ほど。だが、日本の伝統的な考古学が培ってきた精緻な発掘手法と細かなデータの蓄積方法は、一見地味な発掘から大きな歴史像を描き出す可能性も持っている。

メソポタミアにせよエジプトにせよ、人類の歴史の歩みのなかで最初に大きくステップアップしたのが、文明の形成です。それがなければ現代社会もないわけです。人類の来歴を考えるうえで、エジプトはきわめて重要だと思います。

身分差、不平等というのは旧石器時代からずっとあったはずです。サルの社会だって、ボスがいて身分差があるんですから。しかし人間社会の大きな特徴は、それを覆い隠す「平等」という概念を作ったことです。不平等がありながら、それを覆い隠すシステムが、まさにファラオの制度です。神と対話ができるのはただ一人、ファラオだけだということにして、身分差をコントロールし、誰にとっても当たり前にしてしまう。それによって世の中がうまく回るようなシステムを作り上げた。それがギリシャ・ローマに継承され、やがて西洋文明を形作っていくわけですから、現代社会のスタート地点はエジプトにも見出せるはずです。

第四章

イスラエル

テル・レヘシュ遺跡

――文字と現実との接点を探して

長谷川修一

多くの日本人にとって、聖書とはキリスト教やユダヤ教の聖典であり、内容は神話的な物語で史実とは無関係――そんなイメージがあるはず。だが、挿話のすべてが史実でなくとも、それらが書かれた背景を知ることで、古代パレスチナ史を知る貴重な手がかりになる。立教大学の長谷川修一教授は、考古学を使って聖書の記述から歴史を探る「聖書考古学」のトップランナーだ。

長谷川修一（はせがわ・しゅういち）　一九七一年生まれ。古代オリエント博物館共同研究員、盛岡大学准教授などを経て、二〇一九年から立教大学教授。著書に『聖書考古学――遺跡が語る史実』（二〇一三年、中公新書）、『旧約聖書の謎――隠されたメッセージ』（中公新書、二〇一四年）などがある。

埼玉・秩父の山中で育ち、高校時代は秩父鉄道で学校のある熊谷市に通いました。私にとって熊谷は都会でした。とりわけ魅力的だったのは何軒もあった古書店です。店内に充満する古書の匂い。客には眼もくれず、すべてを超越したかのように奥で本に読み耽《ふけ》る書店の親爺《おやじ》。昼食代のほとんどを、一冊五〇円、一〇〇円の古書につぎ込み、帰りの車内で文字通り貪るように読みました。

聖書に関心を抱いたのも高校生の頃です。キリスト教が身近な環境で育ったわけではありません。ただ歴史が好きで、西洋史に興味を持ったときに、日本と西洋の根本的な違いはキリスト教の存在だと感じたのです。聖書も手に入れました。

新約聖書がイエス・キリストの活動とイエスへの信仰をつづっているのに対し、旧約聖書には古代イスラエルの民の「歴史」と、彼らの信仰が記されている。かつて巷《ちまた》には旧約聖書をそのまま史実と扱って「歴史」を語る本があふれていた。だがけっしてそうでないことを、長谷川さんは立教大学史学科の二年生のときに、旧約聖書学の泰斗《たいと》である月本昭男《つきもとあきお》教授による「古代イスラエル史」の授業で知る。

長谷川修一さん（撮影：清岡央）

月本先生の講義は刺激的でした。歴史と聖書が結びついたり、結びつかなかったりすることを初めて知りました。発掘の話もたくさん聞くことができました。発掘で出土する遺構や遺物が、聖書に書かれた歴史や出来事に結びつくことがあるのが非常に面白く、こういう研究を続けていきたい、と先生に相談したのです。

師の助言に従って筑波大学の大学院で学び、イスラエルのテル・アビブ大学、ドイツのハイデルベルグ大学に留学した。

ドイツ留学時代、神学部の図書館が閉館する日曜日には、駅に行き、適当な電車に飛び乗りました。学生は大学近郊の公共交通に乗り放題でした。

時折車窓の外に眼を馳《は》せながら、書きかけの論文と格闘しました。昼頃に名も知らない駅で降車し、街を一回り散歩します。安食堂で昼食を済ませると、帰りの電車の中で、また論文を引っ張り出します。車内で論文に向き合うと、不思議と筆が進みました。物を考えることに必要な刺激を、景色や乗り降りする乗客が与えてくれたのでしょう。博士論文の大半は電車の中で書きました。人間の脳は、移動中に活性化するのでしょうか。文字と現実の交わるところ、静と動の交錯点にこそ、新世界を切り拓《ひら》く知が舞い降りるのかも知れません。

「聖書考古学」もまた、文字と現実との接点にある学問といえます。掘り出されたモノから、聖書に記された事件を、その記述の背後にあった社会を考えます。やはり、文字とモノとが織り成す世界なのです。

例えば、旧約聖書「出エジプト記」は、モーセに率いられたイスラエル人が、エジプトから脱出する様をドラマチックに描く。「モーセが手を海に向かって差し伸べると、主は夜もすがら激しい東風をもって海を押し返されたので、海は乾いた地に変わり、水は分かれた。イスラエルの人々は海の中の乾いた所を進んで行き、水は彼らの右と左に壁のようになった。エジプト軍は彼らを追い、ファラオの馬、戦車、騎兵がことごとく彼らに従って海の中に入って来た」(「出エジプト記」一四章二一～二三節。日本聖書協会『聖書 新共同訳』。以下同)。本当に海が割れたかはともかく、「出エジプト」という事件は、世界史教科書にも載っている。そうした記述は、どこまで史実を反映しているのだろうか。

「出エジプト」が史実かどうか。今の段階で白黒をつけるのは非常に難しいことです。ただ少なくとも、聖書に書かれた通りの出来事はなかった、とはいえます。

例えば、聖書には成人男子だけで「六〇万人」とその家族がエジプトを脱出したと書かれていますが、当時イスラエル人の人口がそんなに多かったとは思えません。数字は措《お》くとしても、それだけ多くの人々がエジプトからパレスチナに移り、もともといた人たちを征服して住み着いたとなると、その頃のパレスチナにまったく異質の文化をもたらしたはずです。しかし、パレスチナの発掘調査では、聖書の中でイスラエル人がパレスチナの地を獲得していったとする「土地取得時代」に、そのような大きな文化の変容が起きた様子は見つかっていないのです。そういう意味でも、大きな人間の動きがあったと思えません。
「聖書考古学」は発掘調査など考古学的な手法で得た情報を、聖書の記述と付き合わせていく。ただ、それによって史実と裏付けられないとしても、「フィクション」と片付けて終わりではない。

物語や伝承は、何か「核」があって、それにいろいろ尾ひれが付いてできることがあります。実際、当時のエジプトにはセム系の人々が飢饉《ききん》を逃れて流入しており、おそらくは奴隷のような暮らしをさせられていた彼らが逃亡することもあったことは、エジプトに記録が残っています。

そう考えれば、小規模のイスラエル人たちがエジプトを出て行ったことも、ありえない話ではありません。そのなかで、追っ手がちょっとした高波にのまれることもあったかも知れませんし、それを「神様が助けてくれた」と信じるようになった可能性も否定できません。大事なのは、そういった伝承がいつ頃からなぜ、ユダヤ教のなかで重要になっていったかを明らかにすることです。

前提として、旧約聖書の成り立ちを考える必要がある。

旧約聖書は、いろいろな書物の集合体です。書物ごとに書かれた時代が違い、書いた人も違います。さらに、一つの書物が一度まとめられてからも、のちの時代になって書き足されたり削除されたりした重層的な書物なのです。だから、どこからどこまでが史実かフィクションかの線引きが難しい。ただ、聖書が成立した時代というのは、一部の人しか文字が読めず、書物の価値が非常に高かった時代でした。だから聖書の編纂者《へんさんしゃ》は、聖書が社会にとって重要な書物であってほしい、と強く思ってまとめたはずです。そういう編纂がなされたのは、バビロニア捕囚よりのちでしょう。

紀元前五八七～前五八六年、新バビロニア王国は、ダビデの子孫が治めた南ユダ王国を滅ぼし、多くの住民をバビロニアに連れ去った。捕囚は、アケメネス朝ペルシアが紀元前五三九年に新バビロニアを滅ぼすまで続いた。

バビロニアはメソポタミアの中心地でした。連れて行かれたイスラエルの人々は、日本でいえば田舎からいきなり東京に出てきた若者のようだったでしょう。高度な文明の存在を身をもって知り、広大な西アジアのさまざまな場所から来た人々と接し、アイデンティティーがどんどん失われていく状況だったと思います。

当時の考え方では、戦争は人々の戦いであると同時に、神々同士の戦いでした。マルドゥクというバビロニアの神と、ヤハウェというイスラエルの神の戦いです。エルサレムが占領され、神殿も破壊されて宝物が奪い去られたことは、ヤハウェの負けだと捉えられたことでしょう。あげく連行された人たちのなかには、もうヤハウェでなくマルドゥクを信じよう、と思った人たちもいたはずです。

そんななかで、「そうではない」と考えた人たちがいました。彼らは自分たちの神ヤハウェこそ天と地、そして人間を創った「創造神」だという考え方をすることで、ヤハウェ以外の神を信仰することを戒めました。その考え方を補強するため、バビロニアに伝わる神話的な物語も取り込みながら、独自の神話として創ったのが「創世記」にある天地創造と人間創造の物語でした。

アケメネス朝時代になってバビロニアから帰還した人々の間でも、アイデンティティーの危機を乗り越えるためにメッセージを発信する動きが続きました。旧約聖書編纂の中心を担ったのは、捕囚から帰還後に力を持った祭司たちだったと考えられます。

古代の日本で、律令国家の体制強化の一環として、国生み神話にさかのぼる正史『日本書紀』が編まれたことと似ている。

聖書の記述が史実を反映しているかどうかは、聖書の中の書物にも、書物の中の部分にもよります。そもそも聖書は歴史的な事件を語る目的で編まれてはいません。確かに「列王記」のように、王の名前と治世の第何年にどんな出来事が起きた、と数字が出てくる書物もあり、周辺国の碑文など同時代史料と結びつけて扱える部分もあります。ただ「列王記」にしても、預言者の伝承のような記述もあるので吟味が必要です。

中世までのヨーロッパではキリスト教が政治と結びつき、聖書を疑問視することはタブーでした。啓蒙《けいもう》思想の時代になってしだいにその矛盾について研究され始め、聖書の史実性の研究が進むのは二〇世紀後半以降です。

特に現代では、聖書を科学的に研究するうえで、考古学が果たす役割は大きい。

考古資料は社会全体の様子をよく反映します。富が集中して遠国から豪華な品が集まるような繁栄があったとか、大規模な破壊があったとか、その破壊が地震によるものか戦争によるものか、といったことです。聖書の記述についても、大きな出来事についてはある程度のことが考古学からわかります。

バビロニアによるエルサレムの征服と破壊の痕跡は、遺跡からも見つかっています。一方で、出エジプトとそれに続くカナンの征服は、どうも聖書に書かれている経過では起きていなさそうだということは先ほど述べた通りです。ダビデ・ソロモン王による栄華の時代が本当にあったかをめぐり長く議論が続きましたが、最近ではダビデはそんなに立派な王国は打ち立てていないだろうといわれています。エルサレムでその時代に立派な遺構が見つからないからです。ダビデ・ソロモン時代も、聖書の編纂過程で「かつての栄光の時代」として作り上げられた可能性が高そうです。

近代以降の「聖書考古学」が、聖書の記述の裏付けや、アイデンティティーの拠り所を求めて行われた時代もあった。

一九世紀にパレスチナの考古学的な調査が始まった当初、担い手の多くは神学者でした。だんだん聖書と合致するような発掘成果が出てくると、北米を中心にブームに火が付き、「聖書考古学」といわれる学問のジャンルができたのです。

さらに一九四八年にイスラエルが建国され、イスラエル人たちもユダヤの歴史を求めて遺跡を集中的に発掘するようになりました。建国し、独立のための戦争を経たばかりで、周りはみな敵です。自分たちが確かにこの土地と関係があることを証明したかったのです。掘ればユダヤ教寺院であるシナゴーグなど、古代にユダヤ人が住んでいた証拠が出てきます。日曜考古学というか、多くの人たちがボランティアとして参加し、国民的スポーツのような様相で発掘が行われた時期があったそうです。

ただその発掘調査では、ユダヤ人も欧米人も、どうしても出土した物を聖書の記述と結びつけてしまいがちでした。本人が無意識だったとしても、聖書の記述に引きずられるように解釈された事例はたくさんあります。大切なのは、考古学は考古学として仕事をし、物質文化から当時の社会を見るのに徹することだと思います。聖書の複雑な成立過程をふまえて信憑性《しんぴょうせい》を探る研究は、それとして進める。そのうえで、両者をつき比べる、という地道な作業を重ねる姿勢が肝要です。

図４－１　テル・レヘシュの位置

長谷川さんは二〇〇六年から、イスラエル北部、下ガリラヤ地方の都市遺跡テル・レヘシュで行われている天理大学などによる日本調査隊の発掘に参加している。「テル」は日本語で「遺丘」と呼ばれる。長い年月を通じて同じ場所で日干しレンガの集落が営まれては廃れることを繰り返した結果、丘状に盛り上がった遺跡だ。西アジアでは地域によって「テペ」「ホユック」とも呼ばれる。

日本隊は二〇〇四年まで、ガリラヤ湖東岸のテル・エン・ゲブという遺跡を調査し、

図４－２　テル・レヘシュ遠景　2006年３月、発掘を開始した直後の写真。国立自然公園の中にあり、春は野の花が咲き乱れる（撮影：中野晴生）

図４－３　遺跡から望むタボル山　日本人の間で「ガリラヤ富士」の異名を持つタボル山は、福音書の「イエスの変容」の舞台として知られる。山の左方にイエスが育ったナザレの街がある（提供：テル・レヘシュ調査団提供）

イスラエル王国時代に相当する時代の建物などを発見しました。その後、新たに別の遺跡を掘ろうと考えたときに、イスラエル側の協力者だったテル・アビブ大学の研究者から「日本隊のために誰も発掘していない良い遺跡がある」と勧められたのがテル・レヘシュでした。テル・レヘシュは、旧約聖書の「ヨシュア記」で言及されるイスラエル一二部族の一つ、イサカル族の町「アナハラト」にあたるといわれています。

遺跡の面積は約四・五ヘクタールで、テルの最頂部は標高三五メートル。「上の町」と「下の町」の二段になっており、「上の町」の最頂部（アクロポリス）には、約八〇メートル四方の平坦な区域がある。

非常に大きな遺跡ですので、二〇〇六年から二〇一〇年に行った第一期調査では、遺跡の各地点に調査区を設けて、どの時代にどのくらいの人が住んだか、全体像をつかもうと試みました（口絵9）。その結果、前・中・後期青銅器時代、鉄器時代、ローマ時代とさまざまな時代の建築遺構が確認でき、紀元前三〇〇〇年頃から紀元後二世紀頃までの間、ヘレニズム時代を除いて人が住んでいたことがわかりました。この遺跡が一番栄えていた時代は、後期青銅器時代から鉄器時代の初期にかけてであったこともわかりました。特にオリーブ油産業で発展していたことがわかっています。

図４－４　オリーブ搾油施設　テル・レヘシュでは紀元前12～前11世紀頃にオリーブ油産業が盛んであった。５基の搾油施設が出土している。床面に設けられた石皿に油を集めたらしい（撮影：中野晴生撮影）

図４－５　装飾の施された把手付壺　紀元前10世紀末～前９世紀頃にキプロス島で生産されたと思われる壺。当時、海を越えた交易が行われていたことの証左。口径2.8センチ、高さ8.3センチ（提供：テル・レヘシュ調査団）

図４－６　紀元前７～前６世紀の大型建築遺構　この地域がアッシリア帝国・バビロニア帝国いずれかの支配下にあったときに築造されたと思われる。奥に周壁、手前に敷石を備えた開口部が見える（撮影：中野晴生）

図４－７　紀元前６世紀前半～前４世紀の三翼鏃　スキタイ系の人々が使っていたことで知られるタイプの鏃。イランからバルカン半島にいたる広大な地域から出土する。テル・レヘシュからは２点出土している。約５センチ（提供：テル・レヘシュ調査団）

図４－８　紀元１世紀頃のオイル・ランプ　ローマ帝国の文化的影響下、外形こそ似ているものの、装飾を徹底的に排したランプを当時のユダヤ人は使用した。ノズルの先から芯を出し、そこに火をともした。先には煤が残っているのが見える。全長8.4センチ、高さ3.2センチ（提供：テル・レヘシュ調査団）

テルの最頂部では、後期鉄器時代の大型複合建造物が見つかりました。紀元前七世紀から前六世紀に使われていた要塞のような建物です。誰が何のために建てたのか、まだ解明できていません。当時は、バビロニアがアッシリアを滅ぼして覇権を握るようになった時期にあたるため、どちらかが築いた要塞かと思われます。面白いのは、スキタイ人らが使った鏃《やじり》が出土したことです。もともと黒海北岸にいたスキタイ人は、バビロニアに傭兵として連れてこられたといわれます。周辺で彼らが参加した戦いがあったのかも知れません。

もう一つ注目されたのが、初期ローマ時代の紀元後一世紀から二世紀初頭にかけて、小さな村落が営まれていたことです。そこでは、石灰岩製のマグカップの破片が多数見つかりました。古代のユダヤの信仰で石は清浄な素材とされ、容器に使われていました。そういったことから、ユダヤ人の小さな集団が居住していたことがわかりました。

当時のガリラヤと関連が深い出来事が「ユダヤ戦争」だ。紀元後六六年、ユダヤ人がローマ帝国に反乱を起こしたが、エルサレムが陥落して鎮圧され、このときにエルサレム周辺から追い出されたユダヤ人の多くがガリラヤに移ったといわれる（第一次ユダヤ戦争）。その後、紀元後一三二～一三五年にユダヤはふたたびローマへの反乱を起こして鎮圧された。このとき、ガリラヤが大きな戦場になったとされる（第二次ユダヤ戦争）。村落は、ローマに完全に鎮圧される前の、ユダヤ人がまだ実質的なこの地の主だった時代に営まれた可能性が高い。

ガリラヤ地方は上ガリラヤと下ガリラヤに分かれます。上ガリラヤでは、都市や要塞のような遺跡が発掘されてローマ時代のユダヤ人の活動がある程度解明されています。ただ、都市の生活と一般の人々の生活は別だったはずです。特にイエスは貧しい人々の立場で教えを説いていました。

当時のエルサレムは、王や大祭司と呼ばれる人々とその一派である貴族階級がユダヤ教のトップに立ち、人々に税金を納めさせて経済的にも力を持っていました。それに対してガリラヤ地方は、ユダヤ人が多かったにもかかわらず非常に貧しい地域だったといわれています。さらにそのなかでも都市から外れたテル・レヘシュのような場所で、一般のユダヤ人がどういう生活をしていたかは、まだこれから解明されなくてはいけません。

日本隊によるテル・レヘシュの第二期調査は、二〇一三年から二〇一七年まで、頂上にある後期鉄器時代の大型建物の機能解明と、ローマ時代のユダヤ集落の様相の解明を目指して行われた。そのなかで二〇一六年夏、大きな発見があった。

予想外の発見でした。後期鉄器時代の建築遺構を発掘する過程で、ユダヤ教の会堂であるシナゴーグの一部が見つかったのです。九メートル四方の小型の建物で、床を取り囲む四方の壁面に

図4－9　出土したシナゴーグ　入り口が左手（北）に、中央部に柱の礎石が一対見える。四面の切石がベンチで、人々がそこに座り、中央に聖書の巻物が置かれていたのだろう（提供：テル・レヘシュ調査団）

古い時代のシナゴーグの特徴である切石のベンチが設けられていました。中央では柱の礎石も見つかりました。出土したコインや建築様式の特徴から、紀元後一世紀前半に建てられたものと思われます。ユダヤ教の神殿がエルサレムに存在していた時期です。

当時のシナゴーグは祈りの場ではなく、律法を読み、学ぶ場でした。紀元後七〇年のエルサレム神殿破壊後、シナゴーグがユダヤ教の信仰を実践するうえで重要な役割を担うようになりましたが、それまでは数も少なく、イスラエル国内では六、七か所、ガリラヤ地方ではミグダルという小さい町の遺跡でしか見つかっていませんでした。今のところ発見されているイスラエル最古のシナゴーグは紀元前一世紀のもので、現在のモディインという町の近くにあります。それを考えても、テル・レヘシュのように初期段階で、これだけ残りのいいシナゴーグ跡はきわめて貴重です。

ローマ時代のテル・レヘシュは人口数十人程度の村落だったと思われます。新約聖書の「マタイによる福音書」四章二三節には「イエスはガリラヤ中を回って、諸会堂で教え、御国《みくに》の福音を宣《の》べ伝え、また、民衆のありとあらゆる病気や患《わずら》いをいやされた」と書かれています。会堂とはシナゴーグで、この記述から、ガリラヤに複数のシナゴーグが存在していたことがわかります。テル・レヘシュに住んでいたユダヤ人たちは、これほど小さい集落であっても自分たちのシナゴーグを建設し、そこで律法を学んでいたのでしょう。テル・レヘシュはイエスの暮らしていたナザレから、直線で一六キロ。だから、まさにこの場所で、イエスが教えたのかも知れないのです。

発見は各国のメディアで報じられ、国際的にも注目された。現代でも聖書が持ち続けている力を象徴する出来事だ。そんな聖書の時代の遺跡を、日本人がはるばるイスラエルで発掘する意味とは何か。

イスラエルに留学したときに指導教授から「おまえはクリスチャンか」と聞かれました。「そうではない」と答えたら「それは非常にいい。偏見を持たずに物を見られるのがいい」と。彼自身も世俗的なユダヤ人。確かに言う通りだと思います。

日本で報道を通して見えるパレスチナの姿は、きな臭い部分ばかりですが、発掘でイスラエル

図4－10　バケツリレーをする人々　イスラエルの発掘調査を支えるのは現地の労働者と日本その他の国から参加する社会人・学生ボランティアである。掘って出た土はバケツリレーで運ぶことも（撮影：長谷川修一）

図4－11　地中探査の様子　遺構の場所を探すために、レーダーを使った地中探査を発掘前に行う（撮影：長谷川修一）

に通っていて危険を感じたことはありません。テル・レヘシュの発掘調査の現場では、近くの村のアラブ系イスラエル人の労働者がたくさん働いていますし、ボランティアのユダヤ系イスラエル人もいます。そして彼らとは、毎年発掘の最終日にみなで歌い踊ります。人々の原寸大の生活を理解し、発信していくうえでも、発掘調査はとてもいい機会になるのです。

本章で言及した成果の一部は、ＪＳＰＳ科研費１７Ｈ０４５２７、１９Ｈ０１３４９、２０Ｈ０００００４の助成を受けたものです。

イラク・クルディスタン地域

第五章　ヤシン・テペ遺跡

——新アッシリア帝国の辺境都市を発掘する

西山伸一

新アッシリア帝国（紀元前一〇世紀～前七世紀）は西アジアの鉄器時代にイラン西部から地中海地域に及ぶ広大な版図《はんと》を誇った。高度な統治体制や社会システムが確立され、「最古の世界帝国」とも呼ばれる。中部大学の西山伸一准教授は、イラク・クルディスタン地域での調査によって、まだほとんど知られていない帝国の東部辺境の様相を明らかにしようとしている。

西山伸一（にしやま・しんいち）　一九六八年生まれ。東京文化財研究所文化遺産国際協力センター特別研究員、サイバー大学世界遺産学部准教授を経て、二〇一二年より中部大学人文学部准教授。論文に「西アジアのテル型遺跡に関するフィールド調査の技術的革新と展望――イラク・クルディスタンの調査事例から」（共著、『西アジア考古学』第一八号、二〇一七年）など、訳書にジョン・ボードマン著『ノスタルジアの考古学』（国書刊行会、二〇一〇年）がある。

イラク北東部、クルド民族が多く住むクルディスタンと呼ばれる地域で近年、外国隊の考古学調査が盛んだ。この地では一九二〇～五〇年代に欧米の調査隊が活発に考古学調査を展開したが、六〇年代以降、イラクの政治情勢により外国隊の活動が困難となった。その後、相次ぐ戦乱を経て、クルディスタンは一定の自治を獲得して治安を安定させ、二〇一〇年前後からはクルディスタン地域政府が外国隊に積極的に調査許可を出すようになった。

二〇一四年からクルディスタンで考古学調査をしていますが、身の危険を感じたことは一度もありません。クルド人もけっして政治的には一枚岩ではないものの、治安は安定しており、イラクのほかの地域とはかなり状況が異なります。クルディスタン地域政府は独自の治安部隊を持ち、過激派組織「イスラーム国」がイラクで勢力を伸ばしたときもクルディスタンに侵攻することはできませんでした。

西山伸一さん（撮影：清岡央）

積極的に外国隊を受け入れている背景には、自分たちクルド人の住む土地にどのような歴史があったか、正しく理解したいという思いがある。

バアス党政権は「クルド人はどこか別の場所からやってきた放浪の民であり、今のクルディスタンを調べてもクルド人たちの歴史はわからない」という立場だったと

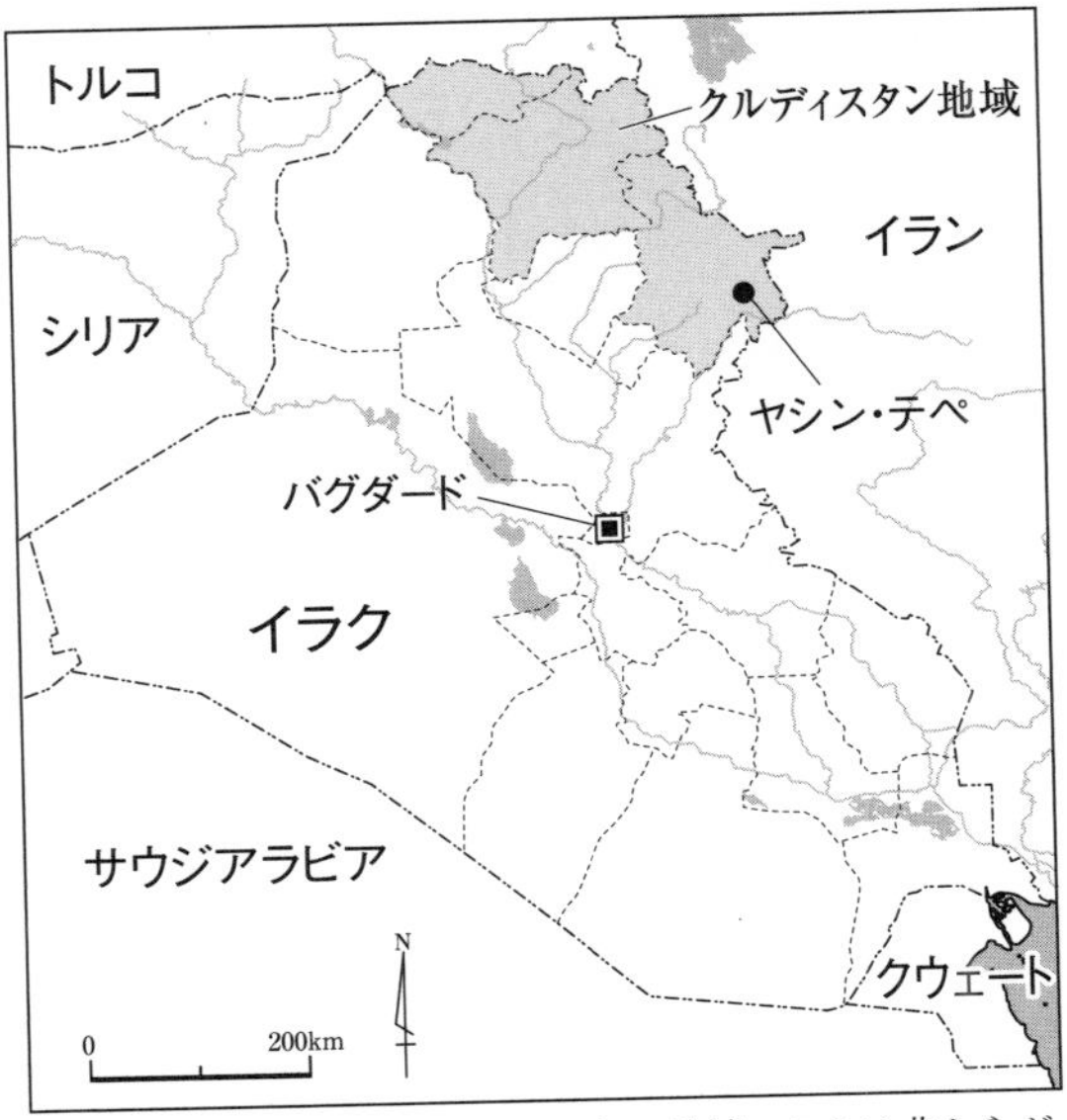

図５－１　イラク・クルディスタン地域　ここは北からドホーク、アルビール、スレイマニヤ、ハラブジャの各県からなる。ヤシン・テペ遺跡は、スレイマニヤ県の南部に位置する（作成：西山伸一）

いいます。一九六〇年代から、クルディスタンで外国隊が調査をすることがほぼ不可能となりました。背景には、イラクはあくまでアラブ民族の国家であり、クルド人など少数民族の歴史などを明らかにされては困るということもあったのではないか、という見方もあります。

現在のクルド人たちに話を聞くと、自分たちは先祖代々クルディスタンに住んできたという思いがあり、土地の歴史に誇りをもっています。特に文化財行政や博物館に関わる人々は、なによりも今まできちんと調査されてこなかったクルド人の住む土地の歴史を科学的に調べ、それを公表することで、自分たちの子孫に正しい歴史を知ってもらいたいという強い願いをもっています。

西山さんはもともとイラクでなく北シリアから南東トルコをフィールドに、鉄器時代を中心とする考古学調査に長く参加してきた。

早稲田大学では西洋史学を専攻し、シュメール史を専門とする先生から古代西アジア史や楔形《くさびがた》文字学を学ぶとともに、考古学研究会に所属していました。研究会はたんなる学生サークルではなく、「勉強だけでなく、飯も食わせてやる」ということで、早稲田の先生方や先輩が関わる発掘調査を手伝う実働部隊でした。全国各地の発掘現場で鍛えられました。

そんな体験もあったので、学部卒業後、大学院に進み、考古学を専攻しました。初めての海外調査は、博士課程だった一九九四年。大学院の指導教官に紹介されて、早稲田の先輩が指揮していたシリア・アラブ共和国の発掘調査に参加しました。シリア北西部のイドリブ県にあるテル・マストゥーマという鉄器時代の村落遺跡でした。日本の発掘現場とは大きく異なる「戦場」のような現場に衝撃を受けました。

初めてのシリアでの発掘生活で魅せられたのは、遺跡や出土遺物そのものというより、シリアという国とそこで暮らす人々でした。一緒に発掘した現地の労働者やその家族たちが、とても親切にしてくれました。食事も合いました。家庭的なシリアのアラブ料理は、羊肉だけでなく、季節の野菜を使ったものもおいしかった。海外調査は人と食べ物、風土が合わないと続けられないと実感しました。「来年も」と誘われ、「ぜひ」と答えました。博士課程ではシリアを研究フィールドとすることに決めました。

シリアでは日本隊の多くが先史時代に焦点を当ててきたが、西山さんがテーマに選んだのは当時ずっとマイナーな「鉄器時代」だった。

図５－２　テル・マストゥーマの発掘調査　初めて参加した西アジアの考古学調査は、毎日100名以上のシリア人労働者を雇い、すさまじい勢いで鉄器時代の町が掘り下げられていくものだった（撮影：西山伸一）

図５－３　シリアの家庭料理　シリアでは現地に宿舎を建造し、地域社会に溶け込むことで発掘調査が進んでいった。宿舎のある土地の地主に招待された際の昼食（撮影：西山伸一）

シリア考古学研究の花形といえば、農耕・牧畜社会や文明の起源に関わる先史時代や、都市国家が興亡を繰り広げた青銅器時代でした。そこへいくと、鉄器時代は、研究する人が少ない地味な時代でした。

今ではがらりと様相が変わり、北シリアと南東トルコの鉄器時代は大きな注目を集めています。これは一九九〇年代以降に象形ルウィ語碑文などの文献史料の新発見と解読が進み、鉄器時代を含む遺跡の発掘調査が飛躍的に進展したからです。青銅器時代社会の崩壊後、新たな民族系王統をもつ小国家が群雄割拠し、最終的にはアッシリアという巨大帝国がこの地を呑み込んでゆく。そのダイナミックな歴史の展開の詳細が明らかになってきました。こうした文献史料の記述と考古学データの検証を進め、新たな歴史像を描き出すことに学問的興味をそそられたのです。

テル・マストゥーマでは、まず一般庶民の暮らしに注目しました。マストゥーマは、シリア有数の規模で鉄器時代の村落が掘り出された遺跡です。人々の暮らしに関するさまざまなデータが得られました。

また、文献史料によれば、当時のシリアは各地に王をもつ小国家に分裂しており、興亡が繰り広げられたとされています。ちょうど日本の戦国時代のイメージです。その様相が遺跡の分布状況や発掘した物質文化からどのように見てとれるかを研究しました。地域内の遺跡を踏査し、それらの遺跡がどのような盛衰をとげたかを調べました。

のちには、シリアだけでなく隣接するトルコ南東部のハタイ県も視野に入れ、トルコ側でも考古学踏査や発掘調査に参加しました。現在は国境を挟んでいますが、どちらもアッシリア帝国から見ると西部辺境にあたる地域です。

ところが二〇一一年、「アラブの春」に影響を受けた民主化運動を契機に、シリアは激しい内戦へと突入していった。現在も続く内戦は、シリアにおける大半の外国隊の考古学調査への道を完全に閉ざしてしまった。

シリアの争乱が激しくなった頃、トルコ側でも政府の方針により、外国隊が発掘許可を受けるのが徐々に難しくなり、新しいフィールドを開拓せねばと考えるようになりました。パレスチナ自治区、イラン、そしてレバノンにも行ってみました。

転機は二〇一四年に筑波大学の常木晃《つねきあきら》教授から、「クルディスタンで調査をやりたいが手伝わないか」と誘っていただいたことでした。その前年、スレイマニヤ県文化財局長と国立スレイマニヤ博物館館長の一行が、日本に招待されて講演に来ました。そのときにクルド側から「イラクは危険といわれているが、クルディスタンは安全。近年、欧米の外国隊も多く受け入れている。日本からもぜひ」と話があり、常木教授が手を挙げたのです。

私もその調査隊に入れてもらいました。シリアやトルコはアッシリア帝国の西方領土にあたりますが、クルディスタン地域はその反対側の東方領土です。これまでの研究が生かせるのでは、と感じました。常木教授は先史時代が専門ですから、別に自分が発掘調査する遺跡を見つけて鉄器時代を研究することにしたのです。

目を付けた遺跡がヤシン・テペ（正確にはヤーシーン・テペが現地の発音に近い）だ（口絵10）。スレイマニヤ県南部、ザグロス山脈山麓のシャフリゾール平原にある大型の都市遺跡である。帝国中心部から南東に約二六〇キロの東部辺境地域に相当する。約四〇ヘクタールの遺跡は、中央部の遺丘とその周囲を取り巻く「下の町」から成る。アッシリアの王碑文には、アッシリア王が荒廃していた「アトリラ」という町を再建し、「ドゥール・アッシュール」と改名したことが記されている。近年、ヤシン・テペがドゥール・アッシュールではないかという説がある。

ドゥール・アッシュールについて詳しく書かれているのは、アッシュールナツィルパル二世という紀元前九世紀の王の碑文です。アトリラはかつてイラク南部のバビロニアにあった王朝の支配下にありました。しかし、その力が弱まって町は荒廃し、アッシリア王がこの地を征服した際に町を再建したとあります。豪華な装飾をもつ自身の宮殿を建て、城壁を町にめぐらせました。また周辺の土地から穀物や馬に与える麦わらを集めさせたとも記されています。シャフリゾール

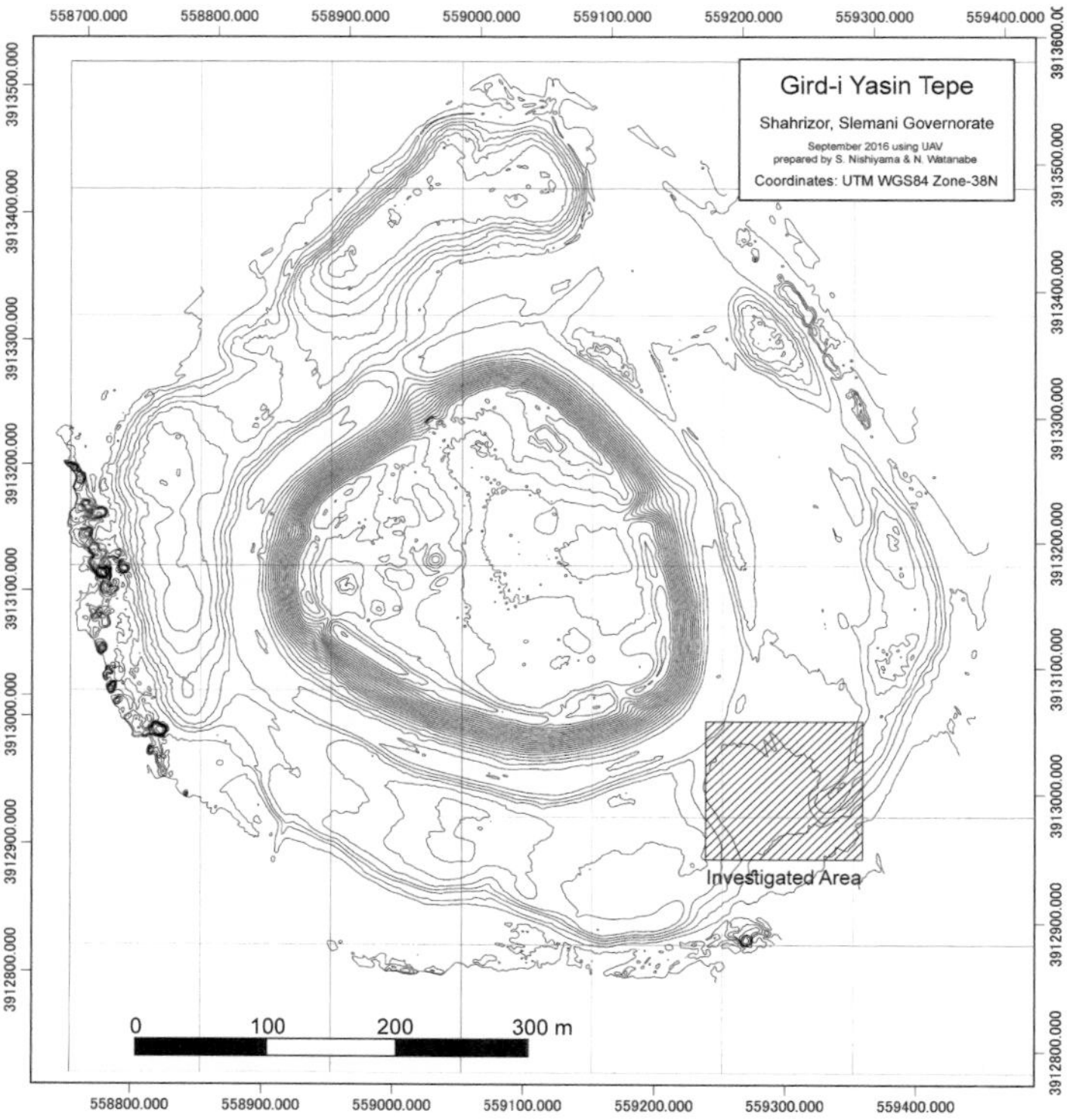

図5－4　ヤシン・テペ遺跡のコンター図　右下の「下の町」の斜線部分が調査区である。南東上空から調査区を撮影した口絵10を併せて参照されたい（作成：渡部展也・西山伸一）

図５－５　春のシャフリゾール平原　夏は大半が乾燥した大地となるが、春には冬の雨と豊かな泉によって緑の大地となる。クルディスタンがもっとも輝く時期である。遠方中央にヤシン・テペ遺跡が見える（撮影：西山伸一）

平原は今も肥沃で、農産物が豊富です。東方へ侵攻するための補給基地としては絶好の場所だったことでしょう。

アッシリアがザグロス山脈を越え、現在のイランのどこまで版図を広げたのか、考古学的にはまだよくわかっていません。ザグロス山脈の東側には強大なメディアをはじめ多くのアッシリアに敵対的な国々がひかえ、北東からは反アッシリアの雄、ウラルトゥ王国も迫っていました。ヤシン・テペは、アッシリア帝国の緊迫した東方の「フロンティア（前線）」の様相を明らかにするうえで絶好の条件がそろった遺跡です。

アッシリアの文献には、地方をどう統治したかが詳しく書かれています。代官を送って直轄化したとか、代官を送らず属国としてある程度の自治は認めたとか、自治は認めるが毎年貢ぎ物をさせたとか、さまざまなパターンがありました。それが遺跡の構造や物質文化にどう反映されているかを調べることは、「最古の世界帝国」の社会構造の解明に重要な貢献をするはずです。また、アッシリアは征服した地方の住民を強制的に移住させたことがよく知られています。この「大量捕囚政策」は文献史料に何度も記されています。大量の人間が帝国内の広い範囲を移動させられたのです。それを考古学的にどう証明できるのか。

一九九〇年代にセトルメント・パターン研究が進展し、鉄器時代になるとシリア東部からイラク北部にかけて一ヘクタールに満たない小集落が爆発的に増え、鉄器時代の終わりに衰退することがわかりました。これらの小集落こそが、アッシリアの強制移住を反映しているのではないかという説も出されています。つまり、それまで集落がなかった場所に強制移住で連れてきた人々を新たに住まわせ、そこで生産する農産物を帝国の巨大化した王都に供給したというわけです。

しかし、帝国の東部辺境では、状況がまだ不明です。クルディスタン地域の研究を通して、アッシリア帝国の支配がどのように行われていたか、またそこでの人々の暮らしはどのようなものであったのかを解明することは、文献史料には書かれていないクルディスタン地域の歴史を明らかにすることになると思います。

西山さんは二〇一五年に予備調査を行い、翌年から本格的な発掘を始めた。鉄器時代やそれ以前の時代を調査するのが目的である。そこで、上部にイスラーム時代の層が分厚く堆積している遺丘部ではなく、「下の町」に狙いを定めた。

予備調査の段階で、「下の町」の南東部には焼成レンガ片が大量に散布していることを確認できていました。焼成レンガは公的建造物やエリート層の邸宅などによく使用されます。「下の町」をよく観察すると、東側半分が一番低くなっていました。いつ頃かは不明ですが、耕作地を拡張するため、この部分が二メートルほど大きく削平《さくへい》されていることが判明しました（図5―4のコンター図を参照）。この場所の表面に散布する遺物（ほとんどが土器片）は、圧倒的に鉄器時代のものでした。そこで鉄器時代の層が表土に近い部分に埋まっていると考え、「下の町」の南東部に焦点を当てて発掘を開始しました。

予想通り発掘初年度に、地表下わずか二〇～三〇センチの地点で、紀元前八世紀から前七世紀の新アッシリア時代の大型建造物が見つかりました。その後の調査で判明した建造物の規模は二〇メートル×二五メートルほどですが、調査が進めばまだまだ広がるかも知れません。中庭を中心に広間をもつ建造物が取り囲むのは、新アッシリア時代後期の典型的な建築様式です。アッシリア文化の強い影響を受けたエリート層の大邸宅址だと考えています。

翌二〇一七年夏、この邸宅址の発掘で大きな発見があった。中庭の一角で、邸宅の主と見られる一族の墓が未盗掘で発見された。

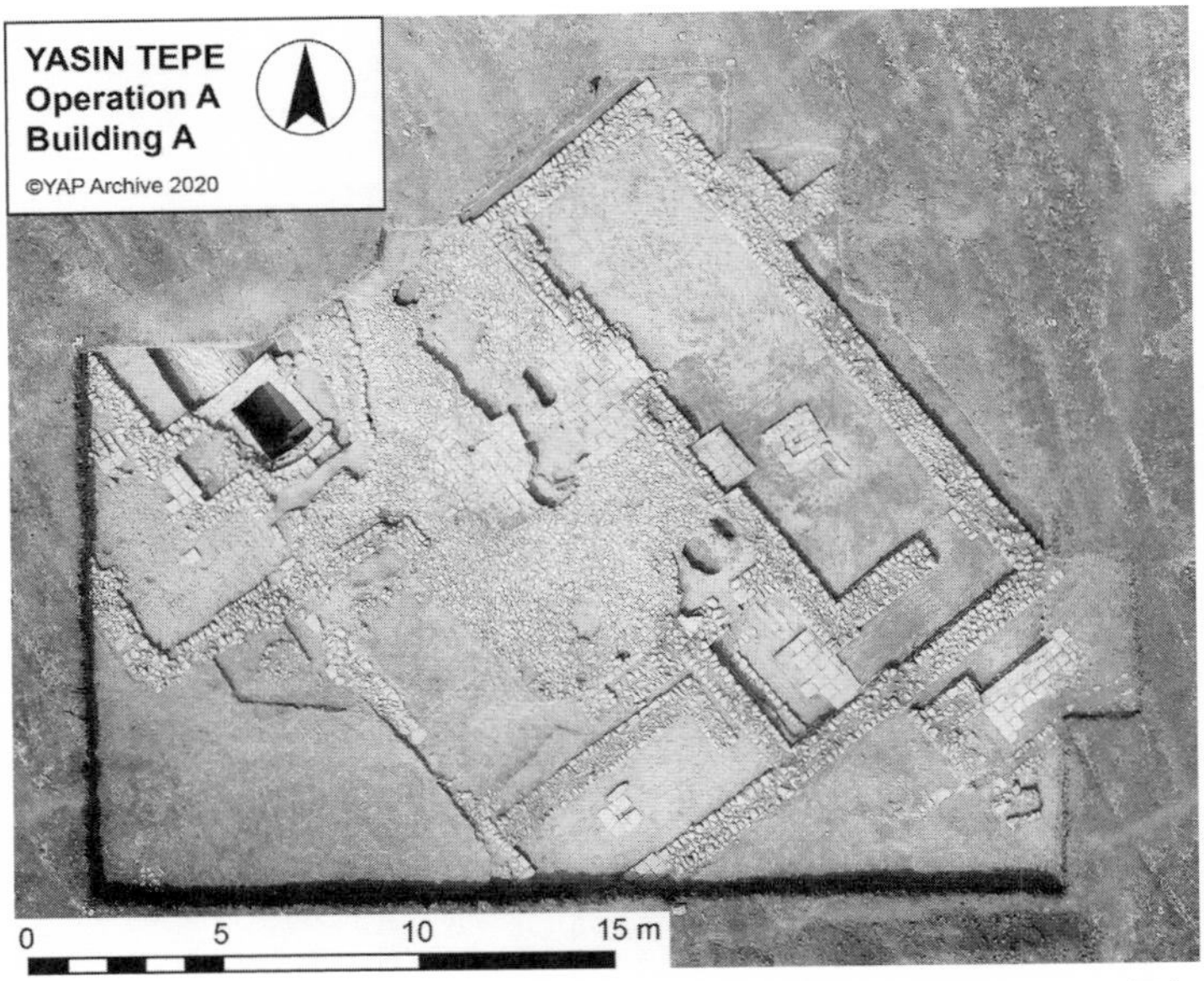

図５－６　「下の町」で出土した大型建造物　2016年から2019年にかけて調査したこの建造物はエリート層の大邸宅址と考えられる。未盗掘のレンガ墓はこの写真の左手に見える（撮影：西山伸一）

地表から約一メートル掘り下げると、焼成レンガを組み上げたシャフト（竪坑《たてこう》）が現れました。墓だと確信しましたが、当然、すでに盗掘されているものと思いました。ところが墓室への入り口を覆っていた土をどけると、びっしりと焼成レンガが積まれています。最後に閉じられてから未開封であることが判明しました。焼成レンガ造りはかなり格式が高い墓です。しかも未盗掘。アッシリアの高位の人物の未盗掘墓は、それほど多くは見つかっていません。学術的な価値が高いことはすぐにわ

図５－７　新アッシリア時代の未盗掘レンガ墓　2017年に発見され、2019年に全体像が明らかになった。すべて焼成レンガで作られている（上）。入り口はレンガが積まれて閉じられていた（下）（撮影：西山伸一）

かりました。

にもかかわらず西山さんはまず、「しまった」と思ったという。

その年の調査期間は、あと一〇日ほどしか残っていなかったのです。入り口を開けるかどうか、調査隊では一晩かけて議論しました。「何が出るかわからない。保存修復の専門家を呼ばなければならないような遺物が出たら、手に負えない」という意見もありました。一方で、開封せずに帰国した場合、盗掘が心配でした。埋め戻しても翌年までに荒らされるかも知れない。「出すしかない」と決断しました。

出土遺物を安全に保管するためにスレイマニヤ県の文化財局や博物館に連絡して協力を求め、急ピッチでの発掘が始まった。

西アジアでの夏季の発掘調査は通常、日の出前に出かけ、昼過ぎには撤収するパターンで行います。高温になるため、作業効率が悪くなるからです。ですが、このときは早朝に出かけ、昼過ぎにいったん食事に戻り、一時間くらい昼寝をしてからふたたび遺跡に行き、夜まで掘りました。現地で急遽《きゅうきょ》サーチライトを買いもとめ、墓の中の高い湿度と蚊の猛攻に苦しみながら、掘り出しては記録する作業の繰り返しでした。

墓に入れる労働者は信頼できる少数に限り、あとは自分たちで土を運び出しました。貴金属などの重要な遺物は、宿舎で保管せず、すぐに博物館の職員に取りに来てもらい、博物館の収蔵庫に収めました。寝るのは午前一時頃。そして午前三時か四時に起きる日々でした。

発掘によって、この墓は帝国の辺境地域にありながら、アッシリア中央部の文化的影響を強く受けていることが証明された。

入り口を塞いでいたレンガを除くと、ヴォールト（かまぼこ型にアーチをつらねた形状）にレンガを組んだ天井を持つ墓室が現れました。その中央に、バスタブ（浴槽）のような形をしたテラコッタ製の棺《ひつぎ》が横向きに置かれていました。長さ約一メートル四五センチ、最大幅約七〇センチ、高さ約六五センチ。「バスタブ型棺」はアッシリアの高貴な人々の墓に特徴的で、最上位は青銅製です。

墓はアッシリア帝国中央部と同じ様式で統一されていました。似た構造をもつレンガ墓は、アッシリアの古都アッシュールを中心に、中央部で多く見つかっています。しかし、東部辺境地域でこれだけ格式の高い墓が未盗掘で見つかるのは初めてのことです。

棺の中からは四体の人骨が見つかりました。おそらく家族でしょう。また、棺が置かれた下に

図5－8　レンガ墓の内部に安置されていた棺　西洋の浴槽に似た形をしたバスタブ棺。ヤシン・テペのものはテラコッタ製であり、ほぼ無傷で発見された（撮影：西山伸一）

図5－9　バスタブ棺の中にある人骨　人骨は棺の底で見つかったもの以外は、バラバラな状態で放り込まれていた。この追加された人骨は、どこかでいったん骨にして、棺に埋葬されたと考えられる（撮影：西山伸一）

あった層には、三体の人骨が埋葬されていました。状況からみると、レンガ墓が建造され、まず三体の遺体と副葬品が葬られたのち、その場所を埋めて、バスタブ型棺を入れたのでしょう。棺にはまず一体を葬り、その上に、別の場所に埋葬していた三体を追葬したと考えられます。棺の一番底に葬られていたのは成人女性でした。左手に金製の指輪をはめており、頭部の周囲からは金製の耳飾りや、首飾りの一部と見られる多数の金製や貴石製のビーズが出土しました。金製指輪には貴石が入っているように見えましたが、よく観察すると骨である可能性が高いと思います。人骨かどうかは今後の分析次第です。想像をたくましくすれば、大切な人の死後、骨の一部を削って指輪にはめて身につけていたのかも知れません。

この年の発掘では、邸宅址の広間の一つで、床に置かれていた青銅製首飾りが出土した。翌年にクリーニングしたところ、表面に楔形文字が刻まれていることがわかった。

筑波大学の山田重郎《やまだしげお》教授による解読から、この首飾りは、神殿で働く少年の持ち物だとわかりました。少年の名前は書かれていませんが、興味深いのは少年の祖父と父親の名前が異なる言語で書かれていたことです。祖父の名前は北西セム語系（おそらくアラム語）で、父親の名前はアッシリア風のアッカド語で記されていました。そして少年は当時、帝国で広く信仰されていたナブー神の神殿で働くために捧《ささ》げられたことが判明しました。

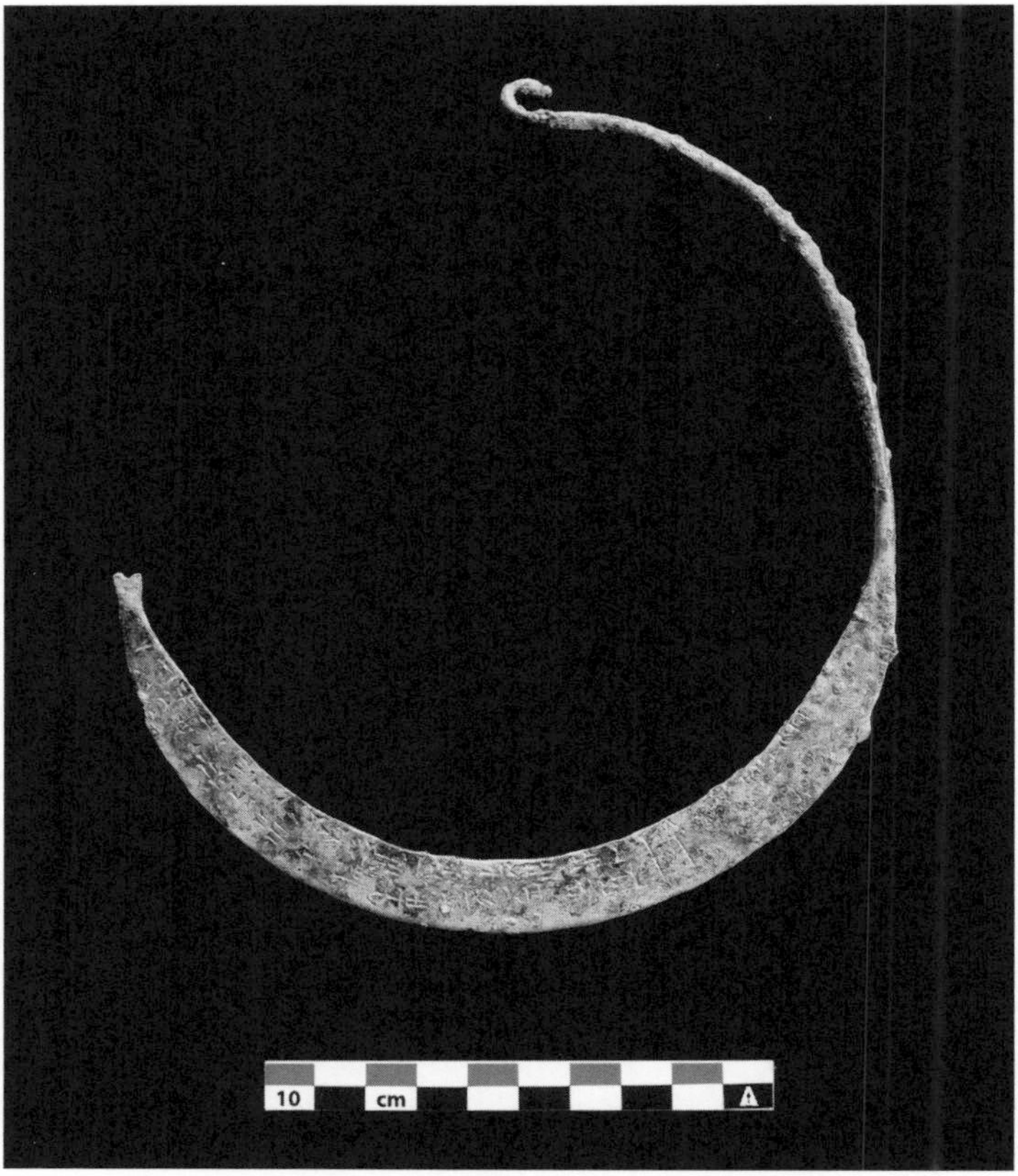

図5－10　楔形文字の刻まれた青銅製ネックレス　レンガ墓のあった大邸宅址の一室の床上で発見された。同じような碑文のある首飾りがアッシリア帝国の西部辺境でも発見されている（撮影：西山伸一）

文献史料によれば紀元前八世紀後半に、南方のバビロニアに住んでいたアラム人が多数、北方へ強制的に移住させられたという記録があります。一つの可能性として考えられるのは、次のような経緯です。アラム人であった祖父はどこからかヤシン・テペの地に移住させられ、生まれた息子にはアッシリア風の名前をつけた。やがて孫が生まれ、この地にあった神殿で働くまでに成長した――。人々がある土地に移り住み、そこでたくましく生きたことの一端が垣間見えます。

神殿で働くことは、けっして不名誉なことではないという。これだけの邸宅と墓の持ち主である一族が、強制移住させられてきた被支配民族ということが考えられるのだろうか。

移住させられた人々には、優秀な人材も多数含まれていたはずです。ヤシン・テペの発掘成果から考えると、彼らは地方都市でエリート層を形成し、アッシリア風の文化を享受していたのでしょう。あるいは、アッシリア中央部から派遣されたエリート層であったのかも知れません。

鉄器時代は民族・部族など個人の出自が強く意識され始めた時代です。この時代には、楔形文字で書かれるアッカド語や、象形文字で書かれる象形ルウィ語などの言語に加えて、アラム語のように広範囲で話される言葉が広まり、多くの人たちが共通語を持ち始めたと考えられます。それが知識、情報の伝達に大きく影響したことでしょう。アラム人たちの使用するアラム文字やアラム語の広がりは、アッシリア帝国の基盤の一つであったといえます。そのアラム人たちがクルディスタンに居住していたことは確実になりつつあります。

日本の調査隊がレンガ墓を発見した二〇一七年九月には、クルディスタン地域でイラクからの分離独立の是非を問う住民投票が行われた。投票では独立賛成が圧倒的多数を占めたものの、イラク中央政府や周辺国の反発で、独立は棚上げされた。だが、クルド人が土地の歴史へ関心を高めていることは、民族独立の意識と必ずしも結びついているわけではないという。

一九六〇年代から八〇年代にかけて、バアス党政権は地方に博物館を建設し、イラク各地から出土したメソポタミア文明の遺物を、それぞれの博物館に少しずつ分配しました。イラク国民に向けてメソポタミア文明の偉大さを示し、国民の文化的統合を図るという戦略にもとづいていました。これにより、どの博物館でもメソポタミア文明共通の遺物からイラクの歴史を学び取ることを可能にしようとしたわけです。その後、バグダードのイラク国立博物館をはじめ多くの地方博物館は、湾岸戦争からイラク戦争の間に大規模な略奪に遭いました。

しかし、スレイマニヤ博物館では職員たちが自警団を組織し、地元の人々と協力して収蔵品を守り抜きました。これらの収蔵品に加え、最近では日本を含む外国隊の積極的な活用によって、新たな出土遺物が次々と搬入されています。博物館では双方をきちんと展示したいと考えていますが、資金や技術の不足などで思うようにはいきません。そこで日ごろ発掘調査を受け入れても

図５－11　スレイマニヤ博物館の正面玄関　イラクで第２の規模をもつといわれるクルディスタン地域最大の博物館。館長以下約40名近いスタッフが貴重な文化遺産を守り続けている（撮影：西山伸一）

図５－12　日本に招聘したクルド人専門家　2019年12月にはスレイマニヤ博物館館長（右から二人目）と保存修復部長（右端）を文化庁の予算で招聘し、日本で文化遺産に関する短期の研修を実施した（撮影：西山伸一）

らっている外国諸隊が資金を調達したり、知恵を出し合ったりして支援を始めています。

西山さんも日本の文化庁の予算によってスレイマニヤ博物館の職員を日本に招いたり、現地の博物館や文化財関係の人材を育成するための研修を行ったりしている。

かつて考古学の海外調査といえば、自分たちの純粋な学問的探究心から発掘調査に出かけ、その成果を専門的な雑誌や学会に発表し、締めくくりに調査報告書を出版して終わり、というパターンでした。しかし今は違います。現地当局の協力と支援なしに海外調査は不可能です。それに応える意味でも、われわれは資金を拠出して現地の人材育成や技術移転を支援し、そのうえで学術的課題を究めるというスタンスが必要です。日本における後進の育成も大きな課題です。つまり、現地に対しても日本に対しても、発掘調査の成果をさまざまな形で社会に還元していかなければならない。そうでなくては、理解も協力も支援も得られなくなりつつあります。

さらに二一世紀になって、西アジアの政治的混乱はますます深まっています。複雑かつ難しい時代になりました。考古学者はいろいろなことを熟考し、実施していかなくてはならないのです。

本章で言及した成果の一部は、ＪＳＰＳ科研費ＪＰ２０Ｈ０１３２８の助成を受けたものです。

バハレーン

第六章　ワーディー・アッ＝サイル古墳群

——ディルムンの起源を探る

安倍雅史

日本の百舌《もず》・古市《ふるいち》古墳群が世界文化遺産に登録された二〇一九年、ペルシア湾の島国バハレーンの古墳群が同時に世界遺産になったことは、日本であまり知られていない。バハレーンには、古代この地で栄えた海洋交易国家「ディルムン」の人々が約七万五〇〇〇基もの古墳を築いた。謎だったディルムンの起源が、東京文化財研究所の安倍雅史研究員たちが続ける発掘調査によって解明されつつある。

安倍雅史（あべ・まさし）　一九七六年生まれ。東京大学総合研究博物館特任研究員、早稲田大学高等研究所助教などを経て、二〇一六年から東京文化財研究所研究員。著書に『イスラームと文化財』（共編著、新泉社、二〇一五年）、『世界遺産パルミラ 破壊の現場から――シリア紛争と文化遺産』（共編著、雄山閣、二〇一七年）、監修に『消滅遺産――もう見られない世界の偉大な建造物』（日経ナショナルジオグラフィック社、二〇一八年）がある。

ディルムンは、メソポタミア文明の神話に楽園として登場する。実は、旧約聖書に書かれたノアの箱舟には、モデルが存在する。メソポタミアの「大洪水伝説」である。メソポタミアの神々は、人間を滅ぼすために大洪水を起こすが、人間の王ジウスドゥラは、巨大な船を造り、人間と動物の種を救うことに成功する。神々はジウスドゥラの功績を認め、彼に永遠の命とともに海のかなたにある楽園を与えた。この楽園がディルムンであった。実際のディルムンは、紀元前二二〇〇～前一七〇〇年頃に現在のバハレーンの地に繁栄した古代国家で、とくに紀元前二〇〇〇年以降、ペルシア湾の海洋交易を一手に握り、資源が乏しいメソポタミアを物流で支える存在だった。安倍さんがディルムンの古墳群を初めて訪れたのは、二〇一一年のことだった。

一目で心を奪われました。噂《うわさ》には聞いていましたが、見渡す限り一面に古墳が密集しているんです（口絵11）。形は円墳で、一般的なものは直径が七メートルほど。ディルムンの王の墓とされるものは直径が五〇メートル、高さが一〇メートルにも達します。こんな景観は世界のどこにもありません。一目見たときに「掘りたいな」と思いました。

安倍雅史さん（撮影：清岡央）

バハレーンは、東京二三区ほどの面積の島国だ。特産は天然真珠。真珠採りはディルムンの時代から伝統産業として続いてきたが、一九二〇年代後半に始まった世界恐

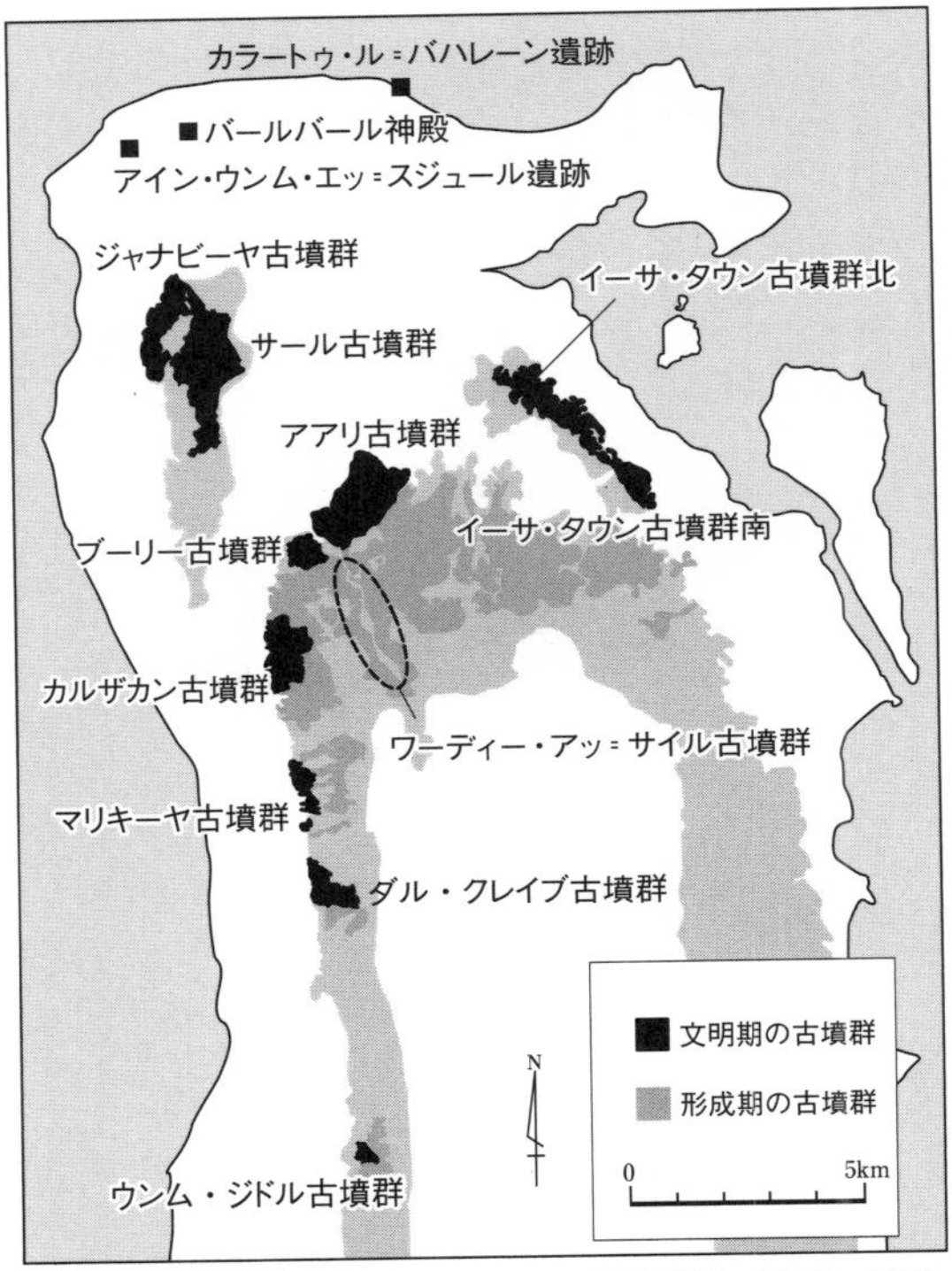

図６－１　バハレーンのディルムン関連遺跡（作成：安倍雅史）

慌と、日本の御木本幸吉《みきもとこうきち》が実現した真珠養殖によって大打撃を受けた。その後は一九三二年に石油が採掘され、石油輸出が経済を支えてきた。近年は、金融業や観光業にも力を入れている。

バハレーンとの出会いは偶然でした。日本が各国の文化遺産保護に協力するために設立した文化遺産国際協力コンソーシアムの仕事で行きました。その頃、バハレーン政府はディルムンの古墳群の世界遺産登録を目指しており、日本に調査や史跡整備を支援してほしい、と希望していたのです。それに応える形で、後藤健《ごとうたけし》先生、西藤清秀《さいとうきよひで》先生、上杉彰紀《うえすぎあきのり》先生らと二〇一四年に調査団を発足させ、二〇一五年から発掘調査を行っています。それまでシリアやヨルダンで調査をしていた私にとって、湾岸のバハレーンは非常に遠い国でした。

　安倍さんは石器に詳しい。西アジア考古学のなかでも、石器時代を含むシリアやヨルダンの遺跡を発掘していた。

考古学を勉強したくて東京大学に入り、初めて海外調査に参加したのが大学三年生のとき。松《まつ》谷敏雄《たにとしお》先生と西秋良宏《にしあきよしひろ》先生率いるシリアのテル・コサック・シャマリという名の遺跡の発掘でした。南メソポタミアで文明が誕生する直前の紀元前五〇〇〇年から前四〇〇〇年頃の、社会が複雑化していった時代の遺跡です。それまで各自で作っていた土器を専門の職人が作るようになり、専業化が進んだ時代でした。その土器工房の跡を発掘しました。

遺跡があるのは小さな村でした。調査は古い日干しレンガ造りの民家を借りて、泊まり込みで行いました。発掘の合間に、綿花の収穫を手伝わせてもらったり、パン作りを習ったり。夕方涼しくなると、近くのユーフラテス川の川べりに村人が集まってサッカーをするので、仲間に入れてもらったりもしました。異国で生活しながら発掘することがとても楽しく、一か月の調査が終わる頃には、西アジア考古学の研究に進むことを決めていました。

大学院に進んだ安倍さんは、東京大学隊のシリア調査や、金沢大学隊のヨルダン調査に参加しつつ、博士課程の途中からは英国リヴァプール大学に留学した。この間に取り組んだ課題が「遊牧の起源」だった。

中東は大半が沙漠です。年間降水量が二〇〇ミリもなく農耕ができない沙漠では、ベドウィンと呼ばれる遊牧民が羊と山羊《やぎ》、ラクダを放牧しながら遊動的な生活をしています。今では数が減っていますが、一九世紀、イラクの人口の約四割が遊牧民だったという記録もあります。また、遊牧民は歴史上、非常に重要な役割を果たしてきました。彼らがいつ頃出現したのかを研究していました。

東京大学の西アジア考古学調査は、東洋文化研究所の教授だった江上波夫《えがみなみお》が、一九五六年にイラクで発掘を始めて以来の歴史を持つ。この間の主眼は「農耕の起源」の探究だった。メソポタミア調査で欧米に一〇〇年遅れ、稲作に根ざした文化を持つ日本人にとって、勝負するにふさわしいテーマだったといえる。

農耕民と遊牧民は本来一対の関係のはずです。なのに農耕の起源の研究は盛んな一方、遊牧の起源に関しては日本人も欧米人もほとんど研究していませんでした。金沢大学の藤井純夫《ふじいすみお》先生がヨルダンの沙漠の中で孤軍奮闘していました。だから、やろうと思ったんです。

これまで、遊牧民は農耕社会にとって侵略者のようなイメージを持たれがちでした。しかし近年では、遊牧民と農耕民が共生関係にあったことがわかってきています。農耕民は遊牧民から家畜やチーズ、バター、沙漠で採れるトリュフや薬草、塩などを手に入れています。遊牧民は定住民から穀類、野菜、砂糖、コーヒー、煙草、衣服、生活雑貨などを手に入れています。こういう共生関係がどのようにして生まれたのかに興味を持ったんです。

遊牧の起源研究で対象とする時代は紀元前八〇〇〇年から前一〇〇〇年まで、およそ七〇〇〇年間にわたります。金沢大学の調査団に加わり、ヨルダンのジャフル盆地で、遊牧民が残したいろいろな遺跡をひたすら発掘しました。本当に何もない沙漠です。ベドウィンのテントを借りて調査しました。大学の夏休みを利用するので発掘は七、八月。気温は四〇度にも達します。半日も掘っていると、肌の日焼けが黒を超えて紫色になります。

新石器時代や青銅器時代の遊牧民のキャンプ跡のほか、石器に使う石材の採掘坑も発掘しました。調査した遺跡のなかには、タラート・アビーダ古墳群という紀元前三〇〇〇年頃の遊牧民の

図6－2　ベドウィンのテントを借りての発掘　アラブ独立のため、アラビアのロレンスとともに戦ったことで有名なフウェイタート族の青年たちが発掘を手伝ってくれた（提供：藤井純夫）

図6－3　ヨルダンで発掘した紀元前3000年頃の遊牧民の墓　石室と外壁の間に石を詰めて造った積石塚である。古墳の南側は、石室と外壁を残し積み石を除去している（提供：藤井純夫）

墓もありました。石を積んで造った積石塚《つみいしづか》です。このときに遊牧民の墓の発掘を経験したことで、のちにディルムンの古墳を掘ったとき、「やたら似ている」と気づくことができたんです。

その後もヨルダンやシリアで調査を続けてきましたが、シリアで内戦が始まったことなどから新たなフィールドを探すようになり、そんななかで出会ったのがバハレーンでした。

バハレーンでは、立教大学の小西正捷《こにしまさとし》教授が率いる日本隊が、一九九一〜九六年にディルムンの神殿跡であるアイン・ウンム・エッ＝スジュール遺跡を発掘した。だがその後は二〇年近く、日本人考古学者が調査を行うことはなかった。

ディルムンというと「大洪水伝説」に登場するジウスドゥラが住まう楽園として有名です。ただし実際は、海洋交易国家としてメソポタミアの文献に名が出てくる国です。

紀元前三五〇〇年頃、南メソポタミア（イラク南部）にメソポタミア文明が誕生しました。ですが南メソポタミアでは貴石も鉱物も採れず、資源がありません。必要なものは周辺地域から運ばれました。例えば、南メソポタミアの都市国家の一つであるウルの王墓からは、黄金の頭飾りや銀の竪琴《たてごと》、ラピスラズリやカーネリアン（紅玉髄《こうぎょくずい》）をふんだんに使った装身具が出土しています。これらは南メソポタミアにない物ばかりです。

ここで活躍したのがディルムンでした。彼らは紀元前二〇〇〇年から前一七〇〇年頃、大海原

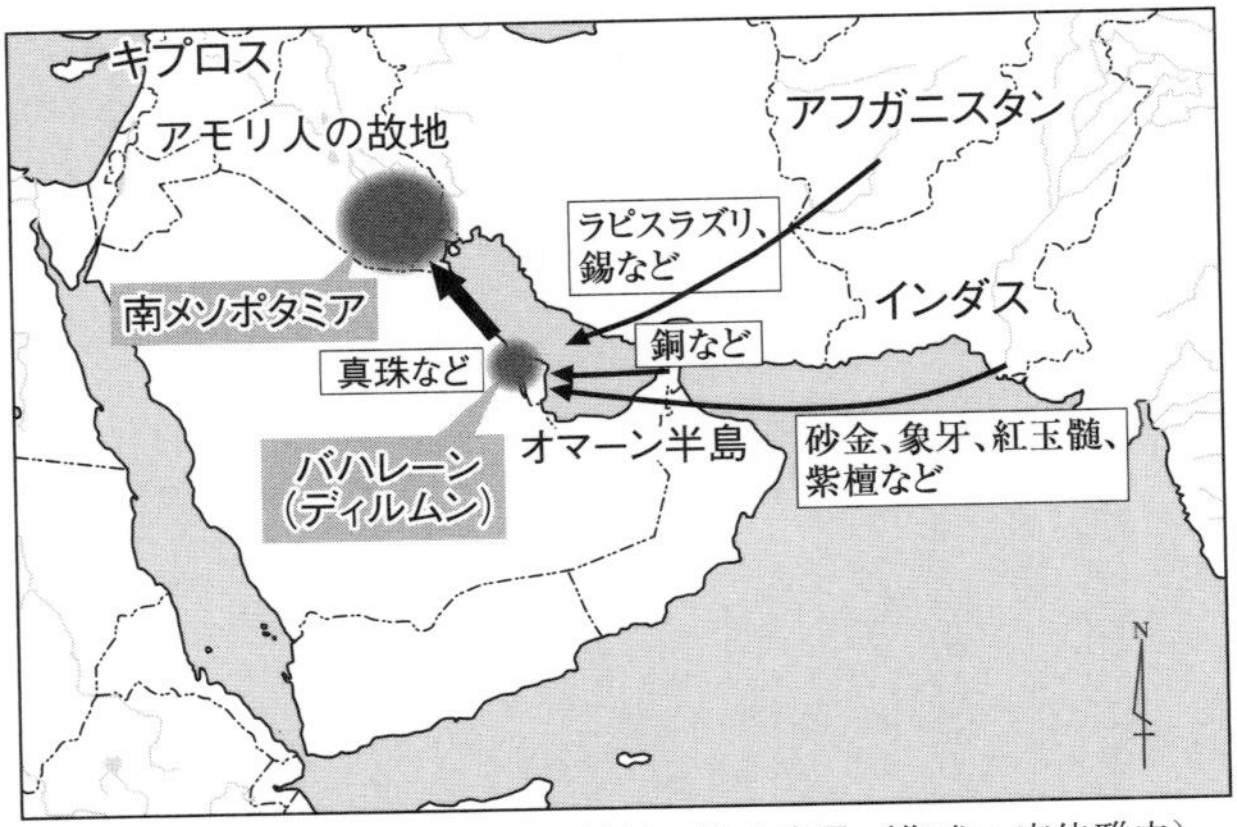

図６－４　ディルムンと周辺地域の海上交易（作成：安倍雅史）

に進出し、南メソポタミアと、当時「マガン」と呼ばれたオマーン半島、「メルッハ」と呼ばれたインダス地域を結ぶ海上交易を独占しました。「四大文明」というと、それぞれ独立していたように思われがちですが、意外とつながっていたんです。

ディルムンは、インダスで採れる砂金、カーネリアン、象牙《ぞうげ》、紫檀《したん》、アフガニスタンのラピスラズリや錫《すず》、オマーン半島の銅、ディルムンで採れる真珠、珊瑚《さんご》、鼈甲《べっこう》などを大量に南メソポタミアに運び込みました。メソポタミア文明を物流で支える生命線の役割を担っていたわけです。

不思議なのは、ディルムンが栄える直前の紀元前四〇〇〇年から前二二〇〇年頃、バハレーンには人が住んでいなかったことです。集落遺跡は一切見つかっていません。紀元前二二〇〇年を過ぎた頃、集落遺跡が出現します。この時期をディルムンの形成期と呼びます。無人の島に大規模な移民があったのです。紀元前二〇五〇年頃からは文明期と呼ばれ、海上交易によって繁栄し、城壁都市や神殿、巨

図6－5　ワジ底から見たワーディー・アッ＝サイル古墳群　ワジの両岸に古墳がまばらに数百基分布する。古墳が密集しないことが形成期の古墳の特徴である。大型古墳、周壁付き古墳は、斜面の一番上に立地している（撮影：安倍雅史）

大な王墓などが築かれました。紀元前二二〇〇年から前一七〇〇年にかけて、約七万五〇〇〇基もの古墳が築かれています。

ディルムンの人々がどこから来たのか、ずっと謎でした。だからそれを研究しようと思いました。どう研究するかといえば、墓の発掘調査です。衣食住は時代とともに次々と変化していくものです。ところが人間は、墓に対しては保守的で、なかなか変化しません。そこでディルムンの最も古い墓を発掘し、それと似た墓がどこにあるかを調べることにしました。

安倍さんたちが調査することにしたのは、バハレーン島内陸部にあるワーディー・アッ＝サイル古墳群。紀元前二二〇〇～前二〇五〇年頃の形成期に築かれた、ディルムン最古の古墳群だ。大雨のときにだけ水が流れるワジ（涸れ谷《かだに》）に沿って、もとは一〇〇〇基を超える古墳があったとされる。近年急速に進む都市開発で多くが破壊され、現在は数百基が残っている。

発掘すると、古墳の中央に矩形《くけい》か楕円形の石室がありました。その長軸は基本的に東西方向ですが、わずかに南か北にずれています。おそらく日の出か日の入りの方向を基準に造られているため、墓を建設した季節によって若干向きが違うのだと思います。中央に石室を造り、縁《へり》に石で円形に外壁を設け、その間に石を詰めて築いた積石塚です。文明期になると石が土に変わります。一基につき被葬者は一人。屈葬《くっそう》で、ほとんどが頭を東、足を西、顔を北に向けて埋められていました。

おおかたの墓からは羊か山羊の骨が出てきました。煤《すす》けているのでローストしたのでしょう。バラバラに重なった骨の上に頭骨が載っていました。一番上に頭をどんと載せていたことがわかります。現在も「マンサフ」というベドウィンの伝統料理があり、米の上にローストした羊肉をばらばらにして載せ、その肉塊の上に一番おいしいとされる頭を載せるんです。おそらく当時から肉の上に頭を載せる伝統があり、それを死者に供えたのでしょう。焼いたときの燃えかすが残っており、放射性炭素年代測定で墓の築造年代を割り出すのにも役立ちました。

副葬品としては、インダスから輸入されたカーネリアンのビーズ、オマーン半島や南メソポタ

図6－6　ワーディー・アッ＝サイル古墳群22号　中央の石室を取り囲むように円形に外壁を作り、その間に石を詰めて築造している。西アジア内陸沙漠北部に残される遊牧民の墓にそっくりである（撮影：安倍雅史）

図6－7　ワーディー・アッ＝サイル古墳群207号墓の石室から出土した人骨　人骨は顔を北に向け屈葬されており、膝の前から、羊（あるいは山羊）の骨が出土した（撮影：安倍雅史）

図6－8　一般墓の発掘（撮影：安倍雅史）

図6－9　大型墓の発掘　一般墓との大きさの違いに注目（撮影：安倍雅史）

図6－10　周壁付き古墳　大型古墳の外周を周壁がまわっている（提供：Dr. Steffen Terp Laursen）

ミアから運ばれた土器などが出てきました。メソポタミア産の土器には香油が入っていたようです。

日本の古墳は、被葬者の身分を大きさや形によって示したとされ、「大王墓」である巨大前方後円墳を頂点とする階層性は、支配関係を視覚的に見せる仕組みだった。ディルムン最古の古墳群にも、ある程度の階層差が見て取れるという。

ワーディー・アッ＝サイル古墳群では、古墳は三種類あります。一般的な古墳は、直径五～七メートル。一〇〇基に一基くらいの割合で、直径一〇～一五メートルの大型古墳があり、さらに三〇〇基に一基くらいの割合で、大型古墳の外周に立派な周壁を伴うものがあります。
それらは立地も違います。小型墓はワジの底に向かう斜面にあり、大型墓と周壁付き古墳は斜面の上の目立つ場所に立地しています。小型墓は一般人の墓、大型墓は有力者、周壁付き古墳はのちの文明期のディルムンの王につながっていくような一番の有力者の墓と考えています。

これら形成期の古墳を築いたディルムンの人々はどこから来たか、さまざまな説がある。これまで、イランやオマーン半島、バハレーンから近いタールート島などが起源地として挙げられてきた。

しかしこれまで挙げられてきた起源地は、どれも墓の造りが全然違います。ワーディー・アッ＝サイル古墳群を発掘して一年目にまず気づいたのは、かつて調査したヨルダンの遊牧民の積石塚にそっくりだということでした。

そこで調べてみると、ディルムン最古の古墳群と似た古墳群は、シリア、ヨルダン、イラク、サウジアラビア北部に広がる西アジア内陸沙漠の北部に分布していることがわかりました。紀元前六〇〇〇年から前一五〇〇年頃に造られた遊牧民の墓で、それらは造り方がそっくりです。やはり中央に矩形か楕円形の石室を造り、周りに外壁を設けて、その間に石を詰める。石室が基本的に東西方向を向いていて、多少南か北にずれるのも同じです。

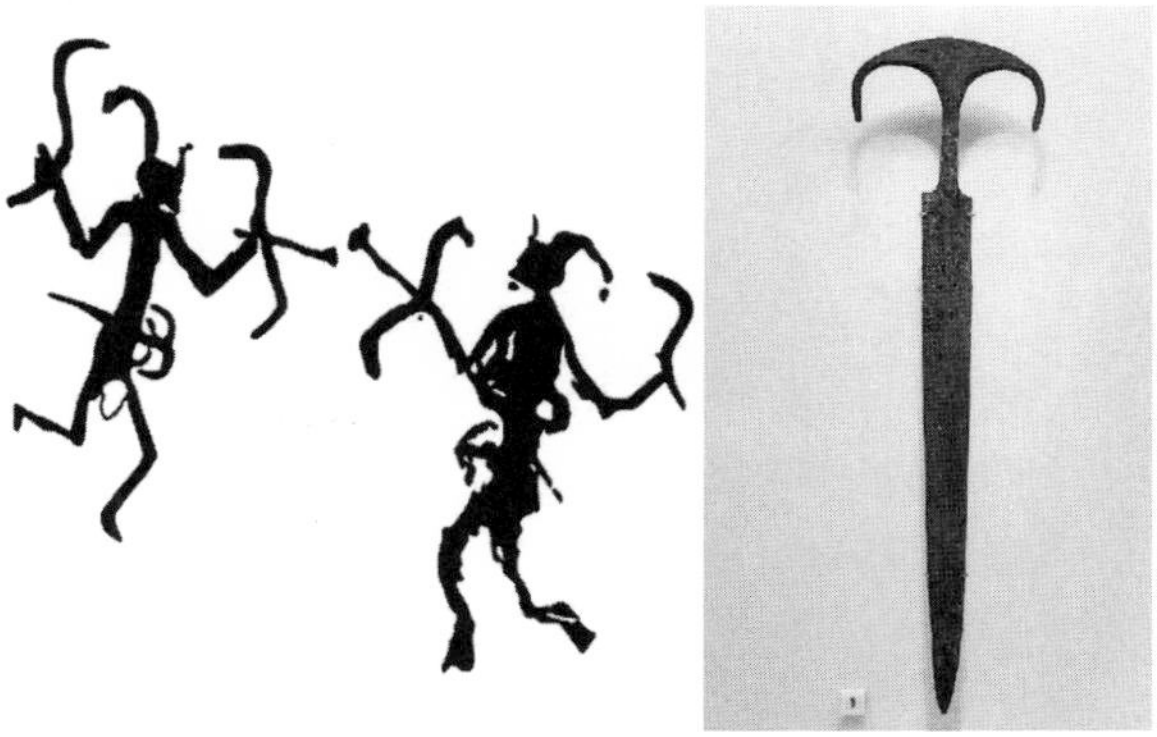

図6－11　岩絵に描かれた遊牧民とバハレーンの古墳から出土した青銅製短剣（短剣はバハレーン国立博物館所蔵、Dr. Salman Al Mahariより掲載許可）

古墳に階層性が見られるのも同様です。例えば、シリアのジャバル・アビヤド古墳群は紀元前二五〇〇年から前一五〇〇年頃に築かれ、規模は直径九メートル未満の一般墓と、直径九～一五メートルの大型墓に分類できます。大型墓は数が少なく、丘の頂部など目立つ場所に立地し、さらに一部の大型墓は周壁まで有しています。

周壁付き古墳は、サウジアラビア北部で見つかっていますし、今世紀に入ってからもシリアのビシュリ山とパルミラ近郊で相次いで確認されています。パルミラ近郊では、パルミラ・オアシスを見下ろす山の山頂中央部という特別な場所に、直径一〇メートルを超す周壁付き古墳が三基存在しています。特殊な立地を考えると、一帯を治めた遊牧部族長の墓だった可能性が高いでしょう。墓から判断する限り、ディルムンの人々の系譜は西アジア内陸沙漠の北部に暮らした遊牧民にたどりつくと、私は考えています。

墓以外の考古資料も両者のつながりを示しています。例えば西アジア内陸沙漠では、青銅器時代の岩絵が数多く見つかっています。そこには当時の沙漠に暮らした遊牧民の姿が描かれており、彼らは柄頭《つかがしら》が三日月形をした独特な形の短剣を腰に差しています。これとそっくりな形の青銅製の短剣は、ディルムンの古墳からも出土しているのです。

海洋国家ディルムンの起源は沙漠の遊牧民だった、というインパクトに富んだ結論を、安倍さんが論文にまとめていたまさにその頃、その結論を裏付ける発見が報じられた。二〇一六年一一月二八日に、バハレーン文化古物局とデンマークの調査隊が共同で、過去の王墓の発掘で出土した石製容器の破片を精査した成果を発表したのである。

紀元前一七〇〇年頃の王墓から、ディルムン王の名を楔形《くさびがた》文字で刻んだ石製容器の破片が複数見つかりました(口絵12)。王名を刻んだ文字資料が文明期の王墓から発見されたのは初めてのことでした。そこには「アガルム部族の者、エンザク神の僕《しもべ》、ヤグリ・イル」と書かれていました。「アガルム」は王が属した部族名、「エンザク」はディルムンの人々が信仰した神の名、そして「ヤグリ・イル」が王の名です。ヤグリ・イルという名前は二つの意味で重要でした。まず、ヤグリ・イルはアッカド語で「神がその姿を現した」という意味です。つまり、王墓に葬られたディルムン王は現人神《あらひとがみ》として神格化されていたのです。さらに重要なのは、ヤグリ・イルがアモリ系の名前だったということです。

メソポタミアの文献に登場するアモリ人は、紀元前三千年紀に南メソポタミアの西側の西アジア内陸沙漠北部にいたセム系の遊牧民。紀元前二二〇〇年頃から南メソポタミアの都市に流入を始め、やがて武力を背景に名だたる都市の支配者層となっていく。紀元前一八世紀にバビロンを治め、「ハンムラビ法典」で有名なハンムラビ王もアモリ人だ。彼らはエジプトにも侵入した。エジプト人から「ヒクソス」と呼ばれた異民族の主体をなしたのもアモリ人だ。

メソポタミアやエジプトにとってのアモリ人は、中国にとっての匈奴《きょうど》のような存在でした。このアモリ人が紀元前二二〇〇年頃にバハレーンにも入って、やがてディルムンと呼ばれる国を作っていったのではないか、と考えています。ディルムンの起源はアモリ系の遊牧民だった可能性が高いこと、それが私たちの調査でわかった最大の成果です。

沙漠の遊牧民が、わざわざ海を越えてペルシア湾の島に移住した背景に何があったのか。安倍さんは「四・二kaイベント」と呼ばれる地球規模の乾燥化、寒冷化が原因だという仮説を立てている。

紀元前二二〇〇年から前一九〇〇年頃に起きた世界レベルの乾燥・寒冷化は、エジプトでは古王国時代の終焉《しゅうえん》をもたらし、メソポタミアではアッカド帝国を崩壊させたといわれています。西アジアでは、年間降水量が三〇〜五〇パーセント近く減ったといわれます。ただでさえ沙漠は降水量が少ないのに、さらにそれだけ減少すると、遊牧生活も成り立たなくなる。おそらく乾燥化が引き金となって、アモリ人は沙漠での生活を捨て、メソポタミアやエジプト、バハレーンなどに向けて移動を始めたのではないかと考えています。

ディルムンは紀元前一七〇〇年頃に滅亡した。都市は打ち棄てられ、神殿が姿を消し、古墳も造られなくなった。その時代に何が起きたのか。

おそらく経済破綻《はたん》でしょう。ディルムンが運んだ商品のなかで、南メソポタミアが一番必要としたのはオマーン半島の銅でした。ところが、紀元前一七五〇年頃にバビロンのハンムラビ王がメソポタミアを統一し、北メソポタミアも支配下に置いたことで、北側に新たな交易ルートが生まれました。当時「アラシア」と呼ばれた銅の産地、キプロスにつながるルートです。アラシアの銅がユーフラテス川を通って大量に南メソポタミアに入ったことで、ディルムンの銅が売れなくなったといわれています。日本の養殖真珠の発明が二〇世紀前半にバハレーン経済を破綻させたように、これが社会の崩壊につながったと思います。

その後、メソポタミアでは、ハンムラビ王のバビロン第一王朝（紀元前一八九四～前一五九五年頃）が滅ぶと、ザグロス山脈からカッシート人が入ってきて王朝（紀元前一五七〇～前一一五五年頃）を立てます。カッシートは、ディルムンが滅んだのちのバハレーンにも侵攻しました。

紀元前二千年紀後半のバハレーンからは、カッシート系の土器が大量に出土します。また、カッシートの王ブルナブリアシュ二世の王名を刻んだ碑文も発見されています。この王は有名なツタンカーメン王の父親アクエンアテンと同時代の人です。

当時、カッシートからエジプトへ、馬や戦車とともに大量のラピスラズリが送られていました。しかし先にお話ししたように、メソポタミアではラピスラズリは手に入りません。カッシートはアフガニスタンで採れるラピスラズリを得るために、バハレーンに拠点を置いて海上交易に乗り出したようです。

その後、バハレーンは、新アッシリア（紀元前九一一～前六〇九年）やアケメネス朝ペルシア（紀元前五五八～前三三〇年）の支配下に入ります。そしてアレクサンドロス大王（紀元前三五六～前三二三年）の頃になると、ティロスという名前に変わり、真珠の産地として知られるようになったのです。

ディルムンの調査は、今後も続けるという。安倍さんが視野に入れるのは、文明期の王墓と沈没船だ。もしも交易品を積んだディルムンの沈没船が見つかれば大発見だ。そんな調査の継続には、莫大な予算と時間が必要だ。

西アジア考古学の醍醐味《だいごみ》は、やはりメソポタミアが世界最古の文明だということです。そしてメソポタミア起源のものは日本にもいろいろ入っています。例えば、一週間を七日とする考え方がそうです。数学や医学、天文学にしてもギリシャで進歩する以前の礎《いしずえ》は、メソポタミアにありました。狛犬《こまいぬ》だって、紀元前二〇〇〇年頃のメソポタミアの神殿で確認されています。西アジア考古学は、そういう今に続く文化の流れを、人類史のなかに位置づけていきます。だから、面白いんです。

本章で言及した成果の一部は、ＪＳＰＳ科研費１９Ｈ０５５９２および２６３０００３０の助成を受けたものです。

インド、パキスタン

第七章　南アジア世界を発掘する

――インダス文明から古代の遺跡の調査

上杉彰紀

「世界四大文明」の一つ、インダス文明について、われわれはどれほど知っているだろうか。紀元前二六〇〇~前一九〇〇年頃に、現在のインド北西部とパキスタンに展開し、モヘンジョダロ、ハラッパーなどの大遺跡が知られるが、世界史教科書でも記述はごく簡潔。使われていた文字も解読されておらず、まだまだ実態は未解明だ。金沢大学特任准教授の上杉彰紀さんは、インダス文明研究に日本の精緻《せいち》な考古学の手法を持ち込むことで、インダス文明域内だけでなく、アラビア半島やメソポタミアとつながるダイナミックな交易を展開していた姿を描きつつある。

上杉彰紀（うえすぎ・あきのり）　一九七一年生まれ。関西大学非常勤講師、総合地球環境学研究所研究員などを経て、二〇一九年から金沢大学特任准教授。著書に『インダス考古学の展望――インダス文明関連発掘遺跡集成』（総合地球環境学研究所インダスプロジェクト、二〇一〇年）、『カトーレック所蔵バローチスターンの彩文土器と土偶――インダス文明周辺の文化遺産』（カトーレック、二〇一七年）などがある。

高校生の頃から世界史が好きでした。中央アジアを探検したオーレル・スタインやスウェン・ヘディンの本を読んで、外国の考古学にぼんやりと憧れていました。本当は早稲田大学でエジプトを勉強したかったのですが、早稲田には行けず一九九〇年に関西大学に進みました。関西大はインドの発掘調査を行っており、「それも面白そうだな」と。スタインだってインドのデリーからシルクロード探検に出発していますし。

上杉彰紀さん（撮影：清岡央）

関西大学は一九八六年から網干善教《あぼしよしのり》教授を隊長とする学術調査団を派遣して、インド政府機関とともに発掘を行った。場所は、紀元前五世紀頃に釈迦《しゃか》が説法した聖地「祇園精舎《ぎおんしょうじゃ》」の跡と目されていたインド北部のサヘート遺跡（口絵13）。インドでは、この地を釈迦に寄進した太子の名にちなんで「ジェータヴァナ・マハーヴィハーラ」と呼ばれる。「祇園精舎」はその意訳だ。三年間の調査で、クシャン朝期のレンガ造りの人工池や、グプタ朝期に建立された仏塔の基壇、僧院跡などを発掘し、祇園精舎の華やかな景観を復元する成果を上げた。

祇園精舎から五〇〇メートルほどの場所に、「舎衛《しゃえい》城《じょう》」という名前で仏典に出てくる大きな都市遺跡、マ

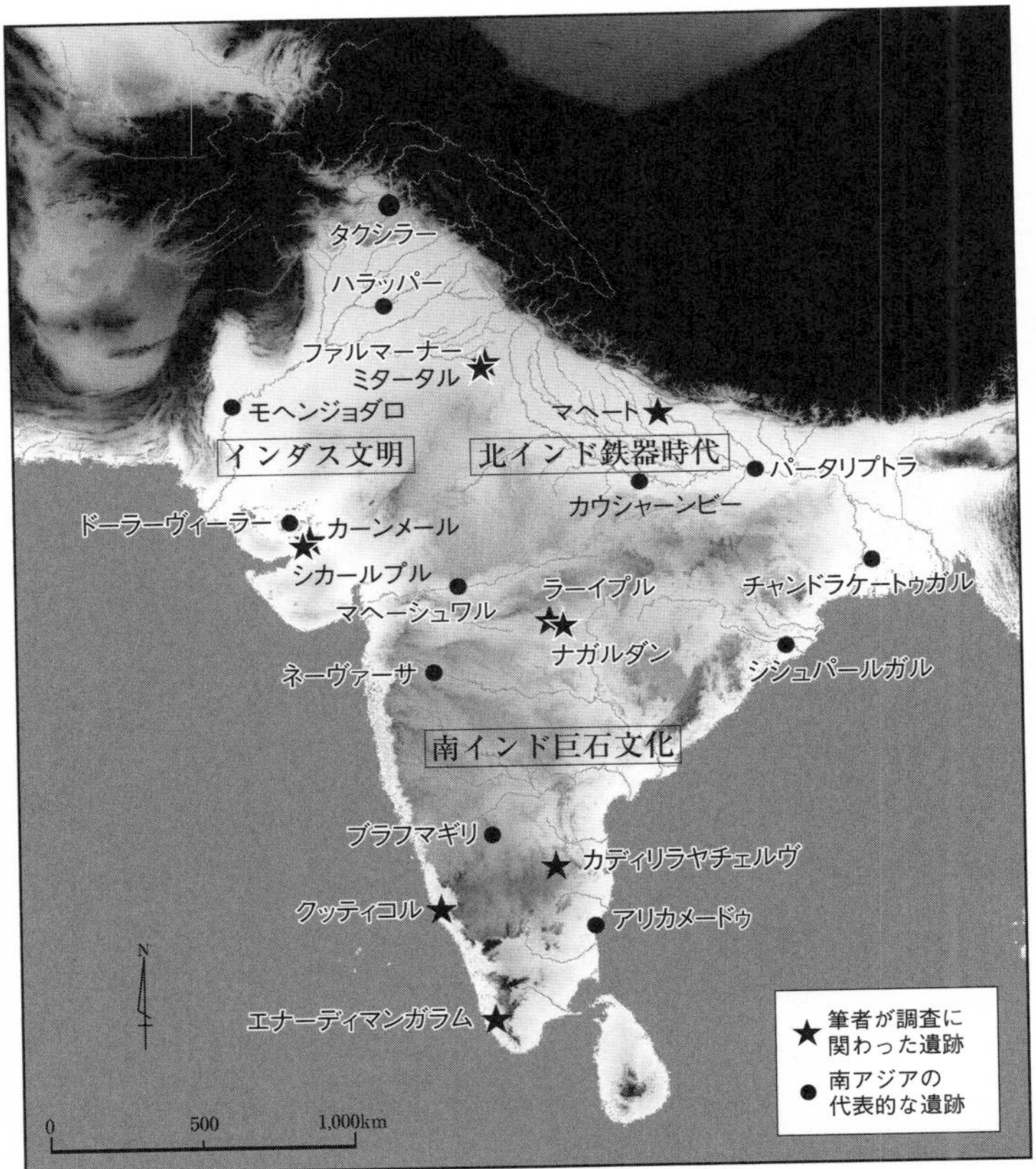

図7－1　南アジア遺跡分布図　多様な地形と気候を特徴とする南アジアには、さまざまな社会と文化伝統が形作られてきた。各地に存在する遺跡は南アジアの歴史の多様性と複雑性を物語っている（作成：上杉彰紀）

ヘート遺跡があります。「舎衛城」は、現地での古代名シュラーヴァスティーを音訳したものです。祇園精舎発掘の延長で一九九一年から関西大学が発掘を始め、私もスタートから参加しました。

舎衛城は紀元前六世紀頃からガンジス川中流域に繁栄したコーサラ国の首都だった。のちに急速に衰退し、中国・東晋《とうしん》の僧・法顕《ほっけん》は、求法《ぐほう》の旅で西暦四〇四年頃に舎衛城に到り、見聞記『法顕伝（仏国記）』に様子を記した。その頃すでに荒廃が進んでいたという。二〇〇年あまりのちの唐僧・玄奘《げんじょう》も『大唐西域記《だいとうさいいきき》』に荒れていた様子を記している。高さ約一〇〜二〇メートルの土塁（城壁）で囲まれた、東西、南北ともに約一・八キロ（面積約一五〇ヘクタール）に及ぶ都市遺跡だ。

発掘調査をしてみると、やはり法顕の時代の頃の層は薄いんです。四、五世紀になると衰退し始め、六世紀頃にはもうほとんど人が住んでいない状況でした。

マヘート遺跡の一番古い層は紀元前七世紀頃でした。紀元前一世紀頃に、焼きレンガで建物が作られるようになります。それ以前の層から出てくるのは、日本の遺跡と同じで柱穴ばかり。舎衛城は釈迦の活動を経済的、政治的に支えた大都市だったといわれていますが、釈迦が生きた紀元前五世紀頃は木造建造物が立ち並んでいたようです。そしてその頃、北インドの各地に、同じ

図7－2　マヘート（舎衛城）遺跡の城門と城壁　この遺跡は北インドのガンジス平原の中央部に位置する都市遺跡である。平原部と北の山間地帯をつなぐ交通の要衝として発達したと考えられる（©関西大学考古学研究室）

ような城壁で囲まれた都市が出現します。

舎衛城跡の発掘では、一つの都市の消長のさまを目の当たりにすることができたわけです。都市というものに対して、大いに興味が湧いてきました。それ以来、私はインドの古代都市がどのようにして出現し、その後どのようにして衰退したか、発掘を通して探ることを研究テーマの中心に据えてきたのです。

インダス文明も都市文明です。ただ、日本にもすでに何人か、インダス文明に強い関心を持って研究している方がいました。私はまだ誰も手を付けていないところをやろうと思いました。そこで、インダス文明が衰退したのちに栄えたインド北部の、ガンジス平原の鉄器時代から古代にかけての都市遺跡や仏教遺跡の調査を始めたのです。

二〇〇三年に上杉さんは博士論文「北インド都

市文化の考古学的研究」を提出し、ガンジスの都市文明の研究に一区切りをつけると、パキスタンでインダス文明の資料調査に取り組んだ。ガンジス平原の都市文明を理解するうえで、前段階のインダス文明の特徴を把握し、比較することが不可欠と考えたからだ。

都市を考えるにあたって重要なのは、都市を擁する社会では、人の移動と交流、物の交易、政治権力の成立によって、広い範囲が一つのシステム下に入り、都市がその結節点になることです。都市社会の発生は、これまで世界各地で考古学の大きなテーマとして研究されてきました。ただ私は、インドの場合、都市がどのように形成されたのか、そのときの社会のあり方はどうだったかを解明するには、考古学の基礎理論がまだ十分に整っていないと感じています。

日本の考古学は出土した物を非常に細かく分析し、人の移動と交流の実態を丁寧に追跡するのが得意です。ところが、そういう研究はインドだけでなく、これまでインドを調査してきた欧米の研究者たちも弱いところでした。インダス文明研究が始まってすでに一〇〇年が経過しているにもかかわらず、まだ基礎的な編年が確立されていないままなのです。

考古学の編年研究とは、土器などの遺物や建物跡などの遺構を、形や素材、技法などの特徴をもとに年代ごとに分類し、前後関係を明らかにする手法。たとえば、ある地域の土器を網羅的に分類して編年が確立されれば、その後の調査では、出土した土器を編年に当てはめることで、その土器や土器が出土した遺構がいつの時代のものかを知る手がかりを得ることができる。編年は「歴史の物差し」といえる。

目盛りが細かく、精度が高い物差しがあるほど、小さな変化を追いやすいわけです。ところが七〇〇年続いたインダス文明を、欧米やインドの研究者は一つの目盛りで説明しようとしています。もう少しのちの鉄器時代や古代でも、せいぜい三〇〇年くらいが目盛りの単位です。一九四〇年代から五〇年代にイギリスの研究者が設定した物差しが、更新されずにそのまま使われてきたからです。目盛り幅がそんなに広くては、都市が盛衰する時代のダイナミックな社会の変化はなかなか捉えられません。

都市文明研究に取り組むうえで力を注いできたのが、北インド各地の遺跡で出土した土器の編年の確立だった。二〇〇七～一〇年度には、総合地球環境学研究所（京都市）の長田《おさだ》俊樹《としき》・現名誉教授が代表を務めた研究プロジェクト「環境変化とインダス文明」に参加して、ファルマーナー（口絵14）、ギラーワル、カーンメール、ミタータルなどの遺跡を調査し、基礎研究を大きく前進させた。

不思議なことに、インドの土器はいったん様式が確立すると、なかなか変化しない。変化が追

図7－3　ミタータル遺跡で発掘されたインダス文明期の建物跡　ファルマーナー遺跡に近いところに位置するこの遺跡は、文明後半期から終末期にかけての時期のもので、インダス文明の衰退を考えるうえで重要な手がかりを提供している（撮影：上杉彰紀）

いにくいことが、編年研究が進まなかった一つの理由かも知れません。それでも私の研究で、インダス文明の七〇〇年が、土器の様式変化から少なくとも三つの時期に分けられることが見えてきました。七〇〇年だった一目盛りを、二〇〇年くらいずつには分けられたわけです。

それによると、インダス文明の七〇〇年間は、一番古い「前期」が紀元前二六〇〇～前二四〇〇年頃、「中期」が前二四〇〇～前二二〇〇年頃、「後期」が前二二〇〇年～前一九〇〇年頃に区分できるという。

目盛りを細かくすることで見えてきたのは、インダス文明の都市社会が、今まで考えていたインダス文明像では説明しきれないほど、複雑な地域間の関係のなかで動いていたということです。

近年の発掘によって、これまで農村だろうといわれてきた小規模遺跡で、石製の装身具であるビーズなど、特殊な工芸品を集中的に製作していたことがわかってきています。紀元前三千年紀の世界で、見た目にも美しいさまざまな石、たとえば代表的なものとして紅玉髄《こうぎょくずい》（カーネリアン）、瑪瑙《めのう》、碧玉《へきぎょく》などからビーズを加工する高い技術を持っていたのがインダスでした（口絵15）。

都市だけでなく、小さな遺跡がきわめて大きな役割を果たしていたわけです。それを組み込んで、遺跡間、さらには地域間の複雑な関係を解きほぐしながらインダス社会を理解することが今後のステップだと思います。

今、ペルシア湾の島国バハレーンに通っています。バハレーンでは前期ディルムン時代（紀元前二二〇〇～前一七〇〇年頃）の墓から、驚くほどたくさんインダス系の土器やビーズが出土しています。にもかかわらず、これまでインダス産とはあまり認識されていませんでした。インダス文明が衰退する紀元前一九〇〇年頃に、インダスのなかでも一番南東の、アラビア海に面したグジャラート地域で作られた土器です。グジャラートはビーズを作る石の原産地でもありました。

他方、現在のオマーンやアラブ首長国連邦の遺跡でも、インダスの土器が出土しています。ただし、それらは少し古い紀元前三千年紀の終わり頃のものです。モヘンジョダロがある地域の土器が多い。ところが紀元前二千年紀には、なぜかグジャラートがメインになるのです。本来、インダス文明の中心はモヘンジョダロやハラッパーがある地域でした。文明の中心の衰退が近づく頃、代わってグジャラート地域が海洋交易の一大拠点となったようです。

グジャラートだけではありません。イランに近い高原地帯や、反対に東の方でも、動きが活発になっているのです。中心の衰退とともに、縁辺部の活動が活発化してくる流れが見えてきました。東への動きは、次の時代にガンジスで都市が起こってくる一つの基礎になったのかも知れません。

精緻な「物差し」をもとに、インダスと周辺の関係を捉えることで、文明衰退のプロセスを解明できる可能性が出てきたわけだ。栄華を誇ったインダス文明が、どうして滅んだのか。かつては、この地に進出してきたアーリア人により破壊されたといわれた。しかしこの説はほぼ否定されている。その後も、気候の乾燥化、耕地の不毛化、交易の不振など、諸説が唱えられたが、結局のところ今もわかっていない。

何をもって「衰退」と呼ぶかというと、まず都市がなくなったこと。そして同じ頃、七〇〇年間使用されてきたインダス文字が急に使われなくなったこと。インドにはのちの紀元前五世紀頃にブラーフミー文字が現れますが、インダス文字とはまったく別系統の文字です。メソポタミアの楔形《くさびがた》文字やエジプトのヒエログリフが、社会が変わっても使われ続けたのとは対照的です。

図7－4　インダス式印章　印章は西南アジア文明世界を特徴づける器物である。インダス文明においても独特の文字と図柄を刻んだ印章が用いられた（©総合地球環境学研究所）

モヘンジョダロには何万人も住んでいたと考えられています。そんな都市がいくつもなくなったわけです。当然、都市住民の分散や人口移動が起きたでしょう。南東のグジャラートの方に行った人もいれば、北東へ向かった人もいたようです。その頃を境に遺跡は小規模化します。人々が大きな都市に集住するのではなく、小さな村に分散して暮らすようになったのです。

ではなぜ、そうなったのか。最近では環境の変化、特に季節風の変化や乾燥化がインドにも影響を及ぼしたのではないかといわれ、英国ケンブリッジ大学などが発掘調査によって解明しようとしています。

まず考えられるのが、今から四二〇〇年ほど前に起きたとされる地球規模の気候変動だ。「四・二kaイベント」と呼ばれ、考古学や歴史学、古気候学など、さまざまな分野の研究者が社会変化の原因として注目している。日本では縄文時代後期の頃にあたり、大集落の遺跡が減少する背景に、このときの寒冷化があったともいわれている。

インドでもそのくらいの時期に、西からの季節風に変化があったことは、ある程度確かめられるようになりました。とはいえ、それからインダスの衰退まで数百年はかかっています。そうした環境変化に人々がどう対応したかは未解明です。

モヘンジョダロが洪水で滅んだという説もあります。確かに発掘で洪水跡は見つかっているものの、その後にも人が住んだ痕跡があって、洪水ですぐに滅んだわけではない。私が発掘したインダスのミタータル遺跡でも、紀元前二〇〇〇年頃に洪水が起きたことを示す層がありました。これらが衰退に関わっていたかどうかは、まだわかりません。

私が注目しているのは、紀元前二三〇〇年頃を境にして、それまで広域に展開していたインダス社会の地域社会群相互のネットワークに、明らかな変化が生じていることです。土器の編年に加えて、ほかの要素も見ていくと、それがわかります。以前はどこに行っても同じ特徴を持つハラッパー式土器が出土していて、一元的に管理、生産されたものが広がっているように見えた。ところが紀元前二三〇〇年頃を境に、地域ごとの特徴が顕著になる。地域ごとのまとまりが強まるなかで、例えばグジャラートが交易拠点化するような現象も出てくるわけです。

中央集権的な国家が、分権的な社会に変貌していったようにも読み取れる。ただ、そもそもインダス文明の政治体制がどのようなものだったかも未解明だ。

今まで私たちが「四大文明」の一つと見なしてきたインダス文明に対する考え方そのものを、根本的に変える必要があると感じています。そうでなくては、正しく捉えられないのではないか。

メソポタミアでもエジプトでも、大河沿いの沖積平野が大きな農業生産力を擁して、それが都市文明を支える力になったといわれてきました。インダス文明もインダス川の沖積平野が一つの核であったことは事実です。しかし、資源のない沖積平野だけで都市文明は維持できません。イラン高原やアラビア半島とつながるグジャラート、銅や石材の産地だったバローチスターンなど、縁辺部での活動がしだいに活発になっていく流れをきちんと押さえなければならない。グジャラートやバローチスターンは、ビーズの材料となる紅玉髄や碧玉の産地でもありました。ラピスラズリの産地だったアフガニスタン北部の山岳地帯には、ぽつんとインダスの遺跡があるのです。

インダスには、まず資源の分布があった。各地の政治的、経済的な勢力がそれぞれの地域社会群をまとめ、さらに全体のバランスを調整する過程で、文明社会が現れた。その後、七〇〇年の間のバランスの変化とともに、一つの文明社会はやがて衰退に向かう。そういうプロセスがあったと考えています。「インダス文明」と呼んで、私たちが一つの歴史的事象のように思い込んでいるものは、実はもっとずっと複雑だったはずです。けれども、そう考えている研究者はまだ少ない。

私は「西南アジア文明世界」という言葉を好んで使っています。インダス文明が単独であったのではなく、エジプトも、メソポタミアも、アラビア半島も、アナトリアも、そして東端のインダスも、大きく一つにつながって紀元前三千年紀の文明世界があったという考え方です。

では、南アジアの中でも南の方の地域はどうなっていったのだろうか。インダスもガンジスも、文明の舞台は北インド。一方、南のインド半島部では、巨石を用いた墓などを残した文化が栄えていた。南インド巨石文化もまた、西南アジア文明世界のダイナミズムの一端につらなっていた可能性が高い。

インド半島部には、紀元前一〇〇〇年頃から、大型の石材で築かれた墓が多数分布するようになります。環状列石を作って中心部に墓穴を設けたものや、四角形の石積みの中に石で築いた埋葬施設を持つもの、墓穴の上にキノコ形に石材を組み上げたものなど、さまざまな形があり、一九世紀にイギリスの好事家によって学界に紹介されました。副葬品には、奈良の正倉院にも伝わって「佐波理《さはり》」と呼ばれているような錫《すず》の含有率が高い青銅器や、馬具も見られます。文化の交

図7－5　クッティコル遺跡の岩窟墓　南インドには前1000年頃から多くの墳墓が築かれた。この遺跡ではラテライトの岩盤に掘り込まれた岩窟墓が発見された（撮影：上杉彰紀）

流を考えるうえで無視できない存在です。

ところが、二〇〇〇か所以上に及ぶこうした巨石建造物が、体系的には調査されてきませんでした。一方、近年の経済発展に伴う開発によって、巨石墓が次々と破壊されています。農村の人たちには、遺跡が価値のあるものとして理解されにくく、日本の文化財保護法のように、遺跡台帳を作って開発前の調査を義務づける制度もありません。現地の友人に遺跡を案内してもらっても、「去年はここに三つ古墳があったんだけど」という状態です。どうにか破壊される前に記録を残したいと思い、ここ数年、ドローンを使って測量調査を試みたり、三次元計測を行ったりしてきました。

インド考古学のなかでも、南インドの巨石文化は、北方のインダス文明とはまったく関

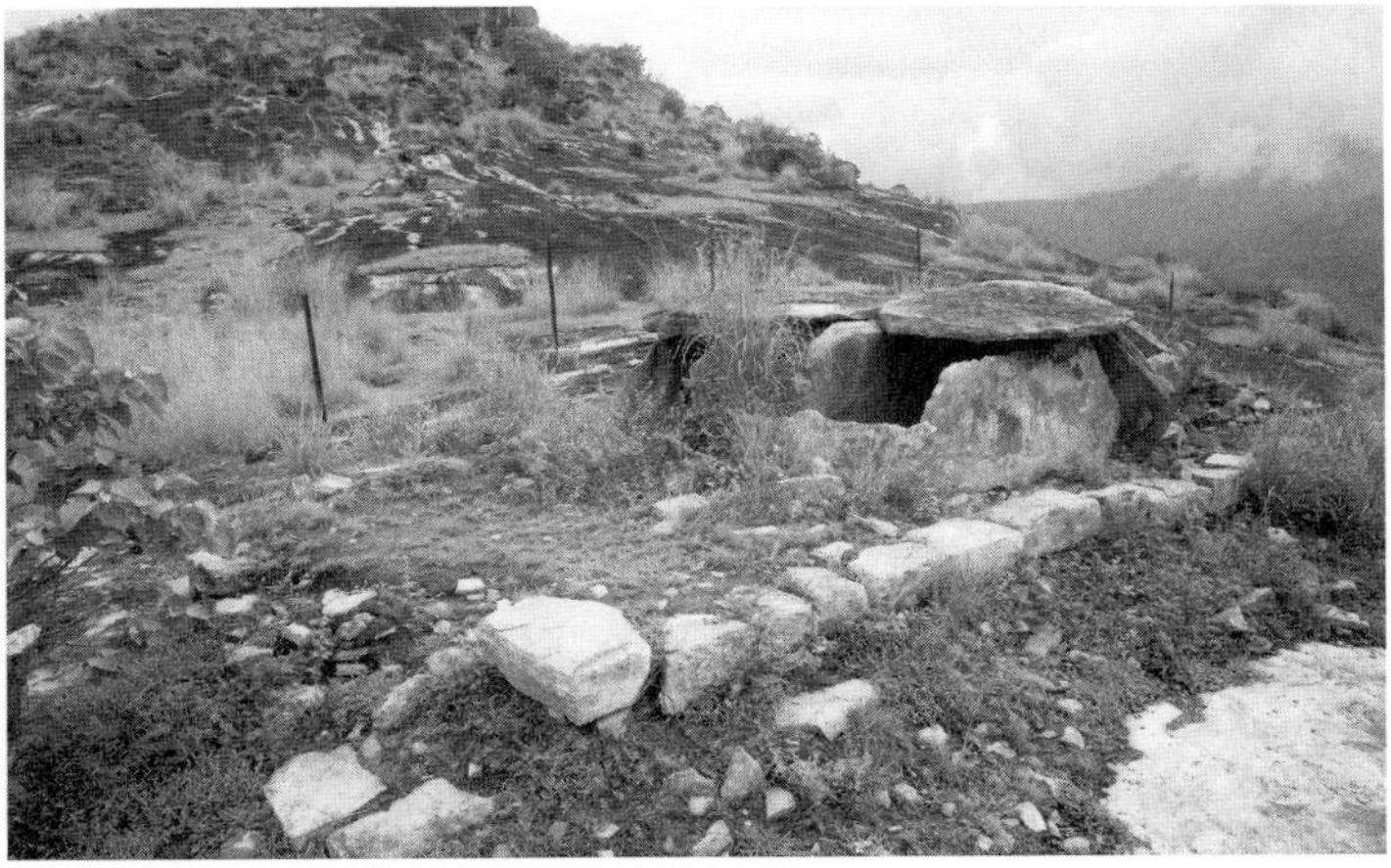

図7－6　南インド巨石文化に特徴的な石室墓　南インド各地に分布する墳墓には地域ごとにさまざまなタイプがある。それらの分布をみると、小地域内外のつながりのネットワークを見て取ることができる。上はカルナータカ州ヒレベンカル遺跡、下はケーララ州コーヴィルカダヴ遺跡（撮影：上杉彰紀）

係がないものとして語られてきました。現代の民族問題も背景にあります。南インドにはドラヴィダ人と呼ばれる人たちが住んでいて、北インドにはアーリア人が住んでいます。歴史的に北のアーリア人が優越性を持っていて、南のドラヴィダ人はそれゆえにアーリア人の文化を拒絶してきた面もあるのです。インドでは、北インドの考古学をやっているのは北インド出身者で、南インドの考古学をやっているのは南インド出身者。だから私のように、第三者の目で発言できる立場は重要だと思っています。

別個の世界と考えられてきた南インドの巨石文化を研究することで、北インドの文明の姿も、立体的に見えてくるのだという。ここでも役立つのが、編年という「物差し」だ。

鉄器時代以降に都市社会が発達したガンジスも沖積平野です。資源は土地しかありません。ですが、鉄器も青銅器も使われたし、石製の装身具もありました（口絵15）。それらの資源は、南インドを含めた周辺地域からもたらされたはずです。

土器の編年を見ると、二千年紀後半、ガンジス平原の開発が進み始めた時期に、北インドと非常によく似た土器が南インドにも広がりだします。また同じ頃、南インドではそれまで金属器がほとんど利用されていなかったにもかかわらず、突然、鉄器が出てくる。これらは北方から流入したと考えられます。

こういうことをインド人の研究者が発言すると、政治的な流れに取り込まれてしまいがちですが、資料に即して考えれば、やはり鉄器時代の北インドと南インドの間で技術や資源が行き来していた可能性は高いのです。これまでインダスはインダス、ガンジスはガンジス、南インドは南インドと、それぞれ内向きに完結して研究されてきました。しかし今や、地域を超えた理解が必要です。

ずっとのちの紀元前三世紀頃、南インドの巨石文化が終焉《しゅうえん》を迎える時期になると、北インドからマウリヤ朝のアショーカ王が南インドに進出し、政治的な影響が波及します。それと並行して南インドの海岸部が海洋交易に大きく関わるようになるのです。東南アジアに仏教やヒンドゥー教が広がったのはインドからの影響ですが、その萌芽はすでに紀元前四世紀頃に見出せます。やがて紀元後一世紀になると、エジプトにいたギリシャ人が『エリュトゥラー海案内記』を著し、東方貿易について記しているように、地中海世界から東南アジアにいたる海洋交易網が発達し、例えばインドの香辛料がローマ世界にも流れ込みました。インダス文明時代にアラビア海を越えてメソポタミアにつながっていた海洋交易が、インドの沿岸部をすべて巻き込んで拡大したのです。それが南インドの巨石文化が終わる紀元前四、三世紀以降の出来事なのは示唆的です。

ただし、交易網が具体的にどのように発達したのかは、まだよくわかっていません。各地域ごとの動きもあったでしょうし、社会全体を貫く大きな動きもあったでしょう。私は外国人としてインド研究に関わっているわけですから、こういうテーマについて俯瞰的《ふかんてき》な視点からインド人研

図7－7　現代にも続く石製ビーズづくり　現在でも南アジアにはきれいな石を素材としたビーズづくりの伝統が残っている。高度な技術をもった職人の技を見ることができる（撮影：上杉彰紀）

究者と議論できるようになればと思っています。

インドの遺跡研究から見えてきた古代の海洋交易網は、日本人にとってもけっして無縁のものではない。

インドで作られたビーズは小さいものです。だからつい、その重要性を看過しがちですが、ビーズは仏教で非常に大事にされました。奈良・飛鳥寺《あすかでら》など日本の古代寺院では、塔の基礎部分にガラス玉や水晶の切子玉《きりこだま》などを収めています。インドでは民族集団のシンボルとして使われたし、メソポタミアではウルの王墓から出土しています。高い財と見なされたのです。ビーズは私たちがイメージしている以上の価値を持っており、インダス時代だけでなく、古代でも中世でもインドは一大生産地でした。

日本では最近、弥生時代や古墳時代の遺跡から出土するガラス小玉の成分分析が進み、そのなかには、かなりの割合でインド産か東南アジア産ではないかといわれるものが含まれています。これらは「インド・パシフィック・ビーズ」と呼ばれ、どこからどのような経路で日本に流入したかが、大きな研究テーマになっているのです。また、はるかに時代を下って、中国産陶磁器が中世日本や世界に流通した流れを追ううえでも、インドの果たした役割をもっと考えなければならないと思います。

「海のシルクロード」という言葉が、かつてテレビ番組のタイトルになったこともありました。歴史のロマンのレベルに止《とど》まってしまったようですが、学問的にはやはり非常に重要な視点です。西の地中海世界から極東の日本列島までを結べば、インドはその真ん中に位置します。インドの新しい考古資料が、日本を含む世界の研究者にもっとよく知ってもらえれば、研究の可能性は格段に広がると思います。

本章で言及した成果の一部は、JSPS科研費15H05164および19H05043の助成を受けたものです。

第八章　シリア　パルミラ遺跡

――隊商都市の墓地の発掘と修復復元

西藤清秀

ローマ帝国時代、「砂漠の真珠」と讃《たた》えられたシリアの隊商都市パルミラ。一九八〇年に世界文化遺産に登録された西アジアを代表する古代遺跡だ。奈良県立橿原《かしはら》考古学研究所の西藤清秀・元副所長は、一九九〇年から続く奈良県による発掘調査で中心的な役割を果たしてきた。過激派組織「IS」（Islamic State＝イスラーム国）によってパルミラ遺跡が破壊されたのちは、国際的な保護を訴えて奔走している。

西藤清秀（さいとう・きよひで）　一九五三年生まれ。奈良県立橿原考古学研究所調査第二課長、附属博物館長、副所長を歴任。日本西アジア考古学会長、日本考古学協会理事も務めた。著書に『隊商都市パルミラの東南墓地と研究』（共著、シルクロード学研究センター、一九九八年）、『世界遺産パルミラ　破壊の現場から――シリア紛争と文化遺産』（共編著、雄山閣、二〇一七年）などがある。

初めてパルミラを訪れたのは、一九九〇年八月。秋から始める発掘調査のため、シリア古物博物館総局、パルミラ博物館との打ち合わせに赴いた。

感激しました。ダマスカスから車で東へ向かうと、パルミラの二〇～三〇キロ手前が、丘陵のように少し高くなっています。そこからヤシ畑沿いに、ベル神殿や塔墓が見下ろせました。「これがパルミラなんだ」と感慨が湧きました。ちょうど同じ頃、イラク軍がクウェートに侵攻して、シリアでも帰りに空港が一時閉鎖されましたが、それ以外は湾岸戦争を横目に何ごともなく調査の打ち合わせをすることができました。

パルミラは「ナツメヤシの町」を意味するギリシャ語が語源だ。地中海からもユーフラテス川からも約二〇〇キロ。東のメソポタミア、西の地中海、北のトルコ、南のエジプトを結ぶ東西交通の十字路に位置している。古くから砂漠のオアシスとして栄え、アナトリアで発見された紀元前一九〇〇年頃の粘土板文書にも名が現れる。紀元前五五〇年にアケメネス朝ペルシアの支配下に入ったのち、前三三四年にアレクサンドロス大王の東征で解放された。セレウコス朝シリア、ローマ属州の時代を経て、紀元前一世紀にパルミラ王国が成立すると、ローマとパルティアの緩衝地帯として、また東西貿易の中継地として繁栄した。三世紀の女王ゼノビアの時代にはトル

西藤清秀さん（撮影：清岡央）

図８－１　主要構造物が破壊される前のパルミラ遺跡全景　2011年９月、内戦の最中に訪れ、西北の丘陵頂から撮影。はるか東方（右上）にパルミラ遺跡の中心建物ベル神殿を望み、ベル神殿から西北方（左手前）の葬祭殿に向かって約1.5キロの列柱路が延びる。列柱路北側（左）にバールシャミン神殿、南側（右）に劇場等が存在する（撮影：西藤清秀）

コからエジプトまでを勢力に収め、ローマに反旗を翻したが鎮圧された。

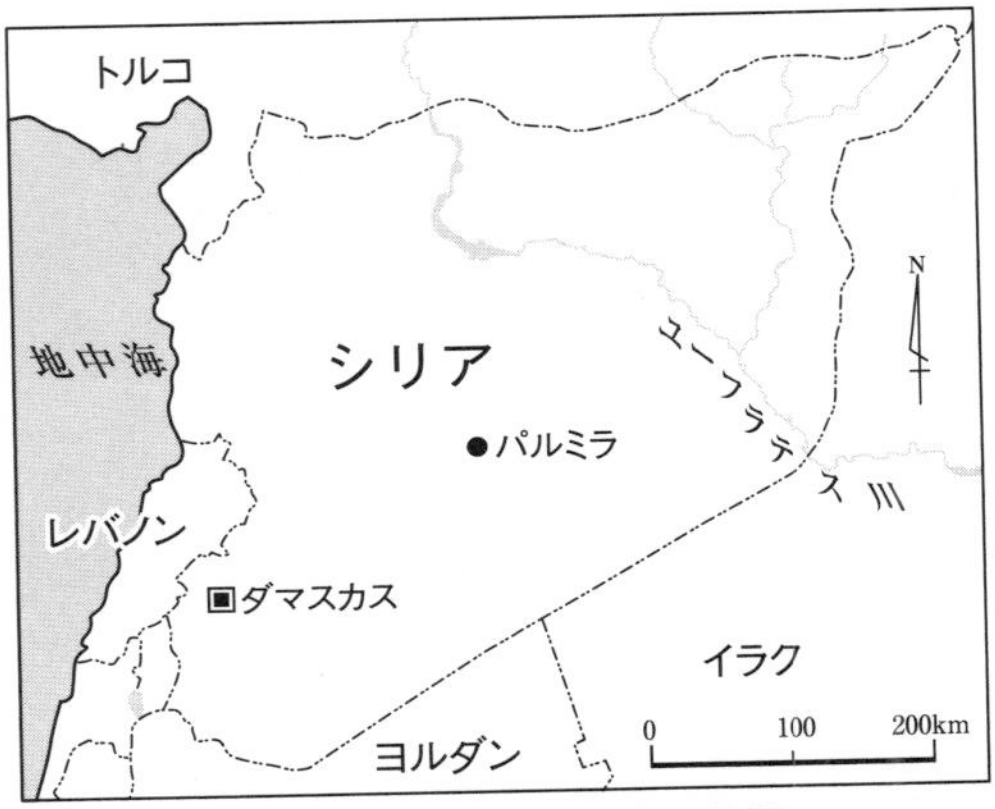

図8－2　パルミラ遺跡の位置

奈良県がパルミラを発掘することになったきっかけは、一九八八年の「なら・シルクロード博覧会」でパルミラの出土品をシリアから借りて展示したことでした。当時橿考研《かしこうけん》の所長だった樋口隆康《ひぐちたかやす》先生が展示品を返すためにシリアに行ったとき、「発掘しないか」という話がパルミラ博物館のハーレド・アサド館長からあったのです。パルミラはシリアにとって重要な遺跡ですから、それまで四〇年あまり、新たな外国調査隊に発掘は認められていませんでした。

アサド館長の申し出を受けて、さっそく奈良県は樋口先生を団長とする調査団を発足させました。私が米国のアリゾナ大学で考古学を学んだということもあったのでしょう、私にもお声がかかりました。

西藤さんは滋賀県出身。子供の頃は、野外で鉱物や化石を拾うのが好きだった。歴史も好きだったため、フィールドで調査する考古学に関心を抱いた。当時、新聞では関西大学教授で初代橿考研所長の末永雅雄《すえながまさお》氏の活躍がたびたび取り上げられていた。末永氏のいた関西大学を受験したのが一九七二年。入学を控えた三月、関西大学が参加した奈良県明日香村での発掘で、大発見があった。高松塚《たかまつづか》古墳の極彩色壁画だ。考古学ブームに火が付いた。

いいときに入ったものです。四月に入学し、考古学研究室の門を叩《たた》くと、「すぐ高松塚に来い」と言われました。明日香村の民宿に泊まって測量の日々です。現場には見学者も大勢来ました。もちろん壁画は保護のため見せられません。私も見られませんでした。残念といえば、それが残念です。のちに壁画が劣化してから、文化庁の検討会の委員になって初めて壁画を見ました。それでも当時、現場の高揚感を肌で感じることができ、一年生のときから貴重な体験になりました。

一九八二年に嘱託職員として橿考研に入り、八五年には正職員に。重要遺跡がひしめく奈良で、数々の発掘を手がけてきた。

入りたての頃、大和郡山市の額安寺《かくあんじ》にある鎌倉時代の高僧、忍性《にんしょう》の墓を調査しました。重要文化財の五輪塔の解体修理に伴う調査です。同じ頃に大峰山寺《おおみねさんじ》も発掘し、金製の仏像が出土しました。一九九六年に発掘した川西町の島《しま》の山《やま》古墳も印象に残っています。前方部で見つかった未盗掘の埋葬施設から一三三点もの腕《うで》輪《わ》形《がた》石製品《せきせいひん》が出土し、それらは重要文化財になりました。

海外調査はパルミラが初めて。奈良県の学術調査団は橿考研の樋口所長が団長を務め、西藤さんは当初、副隊長として参加した。シリア側の勧めで発掘することになったのは、遺跡内の「東南墓地」と呼ばれる墓域だ。一九五〇年代に石油パイプライン建設に先立って数か所が発掘されていたが、砂漠の下に手つかずの墓が多く残されていると考えられていた。

盗掘されていない完全な墓を発掘したいと考えて、一九九〇年九月に「東南墓地」で約三万平方メートルに及ぶ地中レーダー探査を行いました。本格的に掘り始めたのは、翌九一年からです。

パルミラの墓は、時代とともに三つの形式で変遷した。紀元前一～後一世紀は地上に石灰岩の石材で塔を建てる「塔墓」、紀元後二世紀は地下宮殿のような「地下墓」、紀元後三世紀は地上に石の家を建てる「家屋墓」だ。

最初にレーダーに引っかかったのがA号墓と呼んでいる墓です。レーダーの波形ではドーム状の完全な墓に見えました。ところが掘ってみると、家屋墓の基礎部分だけが残った残骸で、盗掘も受けていました。

われわれの目的は地下墓の解明でしたから、レーダー探査の結果を再度吟味しました。そして目を付けたのがC号墓でした。砂を掘っていくと、地下へと下る階段が出て、その下に石の扉が現れました。地下墓です。

扉を開ける前に、羊を買ってきて頸動脈《けいどうみゃく》を切り、生き血で手を濡《ぬ》らして、ぺたっと手形をつけました。シリアでは当時、家を建てたり車を買ったりすると、生け贄《にえ》を捧《ささ》げて安全を祈願する習慣がありました。それにならったのです。

C号墓は紀元後一〇九年に「ヤルハイ」という人物が建造したことが、碑文からわかりました。身分でいえば、中の下くらいの人だと思います。パルミラの墓は、石材をいかにたくさん使っているかで経済的な格差がうかがえます。身分の高い人の墓は完全に石材で内装してありますが、C号墓は奥壁と門扉《もんぴ》くらいでした。

パルミラの墓は、一族や使用人を順次葬った家族墓だ。C号墓では、六一体分の人骨が見つかった。家を模した墓の内部には、まるでコインロッカーのように幅五〇センチ、高さ六〇センチ、奥行き二メートルほどの空間が棚状に積み重なった「棺棚《かんだな》」が設けられ、それぞれに遺体を収めた。男性には副葬品はほとんどなく、一家の主《あるじ》クラスの棺には、蓋として死者の胸像がはめこまれていた。

図8－3　C号墓の奥棺棚　中央上部の半円形レリーフは、勝利の女神ニケによって天空に運ばれる死者を表している（口絵16参照）。その下の右側の胸像が墓を建造したヤルハイ、左側の胸像が彼の息子のシャルマ。棺棚左下の胸像は同じくヤルハイの息子のマラ（撮影：西藤清秀）

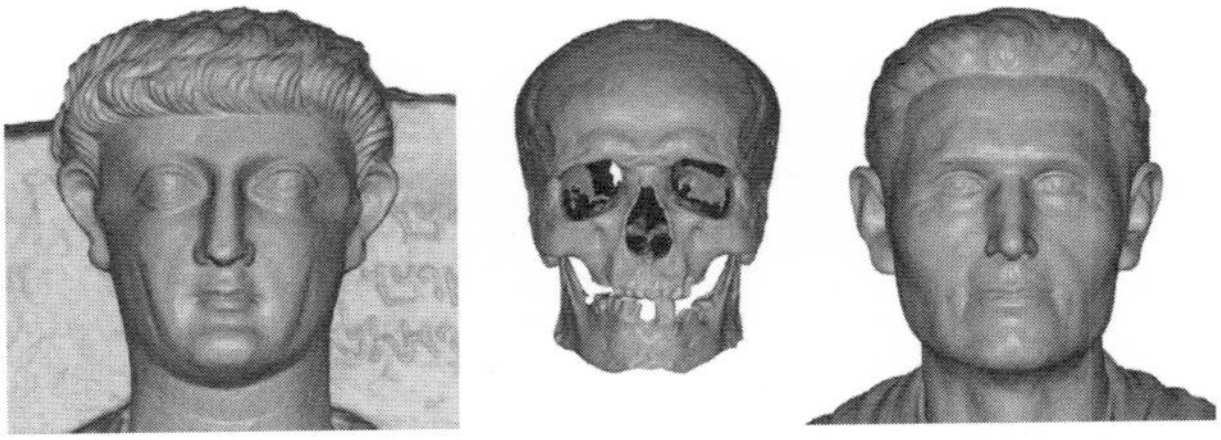

図8－4　ヤルハイの顔の三次元画像による比較　左から出土した彫像、出土した頭骨、頭骨からの復顔（作成：㈱アコード、提供：西藤清秀）

ヤルハイは骨の分析から、身長一七〇・二センチで、四九歳から五九歳くらいの熟年男性だったとわかりました。棺を調査したとき、不思議に思ったことがあります。墓の主なのに、収められているのは遺体だけで、副葬品がゼロだったのです。東アジア的な葬送観念では考えにくい状態です。その後、C号墓以外の墓を調査しても、男性の棺からは副葬品はほとんど出ていません。当時の死生観を考えるうえで、興味深い現象です。

パルミラの人々は、墓を「永遠の家」と呼びました。家の構造をしていて、門には鍵があり、開ければ家族はいつでも死者に会いに行けました。だから、死後の世界で使う身の回りの品を副葬する必要はなかったのでしょう。日本でも江戸時代頃までは、墓に副葬品を入れていましたが、写真が入ってきて遺影を飾る習慣ができた頃から、墓にあまり物を入れなくなりました。それと似ています。

棺の表面にはめこまれていた彫像は、おそらく生前の時点で絵師に描かせた絵をもとに彫られたのでしょう。遺族が墓を訪ねて死者に話しかけるにも、まったく似ていなければ困りますから、生前の容貌に忠実だったはずです。実際、二〇一三年にヤルハイの頭蓋骨を人類学的に復顔してもらったところ、彫像とよく似ていました。

けっして高位の人物の墓ではなかったが、未盗掘で見つかっただけに、埋葬方法や当時の死興味深かったのは、ギリシャ神話の勝利の女神ニケのレリーフが見つかったことです（口絵16）。翼を持つ女神が、死者を天空へと運ぶ姿を描いています。パルミラで見つかっているニケ像では一番古いものでした。樋口先生は「ニケ像がシルクロードを伝わり、法隆寺の飛天像のルーツになったのだろう」と言っていました。

人骨もさまざまでした。「マラ」という名の六〇歳から七〇歳くらいの男の老人は、二〇歳くらいの女性と一緒に葬られていました。埋葬に時間差があれば、先に入れられた骨の方が残りが悪いはず。ところが二体の残存状態はほぼ同じ。同時に埋葬されたようです。女性はパルミラの墓では珍しく、装身具や化粧道具など多くの副葬品を伴っていました。残念ながら、二人の関係はわかりません。

そのほか、関節炎を起こしている骨など、当時の人々の体への負荷のかかり方を知ることのできる骨もありました。そういう骨の状態を一つ一つ、丁寧に記録していきました。

それまでもパルミラの墓が発掘調査されていなかったわけではありません。けれども、欧米の調査隊の発掘は、碑文や彫像への関心ばかりが先立って、埋葬順や遺体の状況などについて関心がなく、報告書にもきちんとした記述や写真、図面がありませんでした。だからわれわれが、日本考古学の培った手法によって詳細に分析し、人類学を含めた総合的な調査記録を残した意味は大きかったと思います。ちょっと傲慢かもしれませんが、われわれの報告書を見れば、もう外国隊は墓の調査に手を付けようとはしないでしょう。「ここまでしないといけないのか」と思うはずですから。

C号墓の発掘は一九九二年まで続いた。奥棺棚の発掘中、偶然新たな地下墓に続く階段が見つかった。地中レーダーでは捉えられていなかったこの墓は、F号墓と名づけられた。門はわずかに開いた状態であった。門構えはC号墓よりも豪華で、高位の人物の墓と考えられた。奈良隊は一九九四年から本格的に調査を始めた。

F号墓は門の楣石《まぐさいし》（出入り口の上に水平に渡された石）に五行にわたって書かれた碑文から、紀元後一二八年に「ボルパ」と「ボルハ」という兄弟によって建造され、二二〇年と二二二年に空いていた埋葬スペースが他人に売却されたことがわかりました。パルミラは商人の街。墓でさえ売買の対象だったのです。

碑文によると、ボルパとボルハの息子の世代が行政長官になっています。高位の一族の墓にふさわしく、内装もたいへん豪華でした。門から奥まで、壁も天井もすべて石灰岩の切石で内装され、唐草文様や花文の装飾も施されていました。

主室に石棺を飾る彫像群が並んでいました（口絵17）。家族饗宴《きょうえん》の様子です。手にカップを持ち、左肘をついて寝そべった男性たちと、その家族と思われる人物たちの彫像は、一番奥がおそらくボルパとボルハの父親、「マルコ」でしょう。もともと彼のために造られた墓でした。

発掘したところ、主室はやはり盗掘を受けていました。彫像も、土に埋もれて見えなかったものを除き、頭部が切り取られ持ち去られていました。盗掘されたのは中世以降、彫像への美術品的関心が生まれてからでしょう。ただ、神官の帽子をかぶった彫像だけは、切り取られた頭が残されていました。盗掘者が持ち出すときに神官の像だと気づき、「持って行ったらあかん」と投げ捨てて行ったのでしょう。

F号墓は未盗掘ではなかったものの、C号墓に続く大規模な調査で、学術的にはさまざまな収穫があった。

ここでも副葬品はほとんどありませんでした。ただし若い女性に限って、首飾りなどの装身具を身につけて葬られることがはっきりしました。

また主室の外の側室では、床面に掘られた土坑から、赤ちゃんの骨がまとまって出てきました。一歳未満の子は、亡くなっても棺棚に入れてもらえなかったんです。乳児の死亡率が高かった時代、「この子は生きていける」とはっきりするまで、家族の成員になれなかったのでしょう。シビアな時代でした。

一八歳くらいの女性の遺体で、一抱えほどの大きな石を二つ、下腹部に載せて葬られていた例もありました。子供を身ごもっていたのか。あるいは、何か性に対する封じ込めのような意味があったのか。瑪瑙《めのう》を象眼《ぞうがん》した金のペンダントトップを身につけていました。

F号墓の調査は一九九七年度まで続き、八二体分の人骨を発掘した。五段前後のコインロッカーのように造られた棺棚は、年月とともに上下の仕切り板が崩れているものも多かったが、折り重なった人骨を観察、記録し、埋葬の前後関係を推定する精緻な調査を重ねた。

墓は全部土に埋まっていますから、クレーンでドラム缶を吊《つ》って、土を掻《か》き出し続けました。棺棚を掘るのがまた大変でした。コインロッカー状に積み重なっているので、上の方から掘っていきます。幅五〇センチほどしかない空間の、もともと棺の床板があった所に、今度はわれわれが板を置いて、寝転んで頭から潜り込み、奥の土を掻き出していきます。記録を取るのも、棺棚に体を入れ、人骨とにらめっこしながらです。

発掘中は、「次に何が出てくるか」とつねにわくわくしていました。彫像が出ると、うれしかったですね。棺に彫像が残っているということは、未盗掘なわけですから。棺の中にどういう状況で骨が残っているのか。副葬品があるのか、ないのか。興味は尽きませんでした。

今でも印象深いのはサチュロスの彫像です。一九九四年の調査で、主室の床面に置かれているのを見つけました。サチュロスはギリシャ神話のバッカス神の従者。日本の鬼瓦のように、魔除けの意味があったのでしょう。パルミラでサチュロス像が見つかったのは初めてでした。実はそれ以前にも、塔墓壁面にレリーフが削られた痕跡が残っていて、壺のレリーフがはめられていた

図８－５　Ｆ号墓奥棺棚の発掘風景（撮影：西藤清秀）

図８－６　Ｆ号墓から出土したサチュロス彫像付き建造碑文（撮影：西藤清秀）

のではないかと指摘されていました。このサチュロスの発見は、塔墓壁面の削られたレリーフがサチュロスであることを実証した形になりました。

これを見つけてすぐ、私は四〇度の熱を出しました。現場でも、墓の上を覆う仮天井が崩れて、作業員の上に土が落ちる事故がありました。幸い重傷者はいませんでしたが、「死者を守るサチュロスの霊威か」と感じたものです。

西藤さんたちはF号墓の調査を終えたのち、墓の修復と復元に取りかかった。

文化財としての価値が高い墓が見つかった場合は、それを修復・復元することがシリア側と取り交わした約束でした。復元の材料はできるだけ発掘調査で出てきた部材片を、元の位置に近い場所に使用するという方針を採りました。調査成果にもとづいたこれだけ精密な復元は、これまでパルミラでは行われていなかったので、地元の人々から驚かれました。オリジナルの部材が残っている個所と復元で補った個所とを見学者が識別できるよう、復元で補った個所には白い漆喰《しっくい》を用いるなど、文化財復元整備の最新の考え方に沿って行いました。復元には二年かかりました。

次に調査したのは、ヘレニズム期の石蓋《せきがい》土坑墓《どこうぼ》であるG号墓だ。

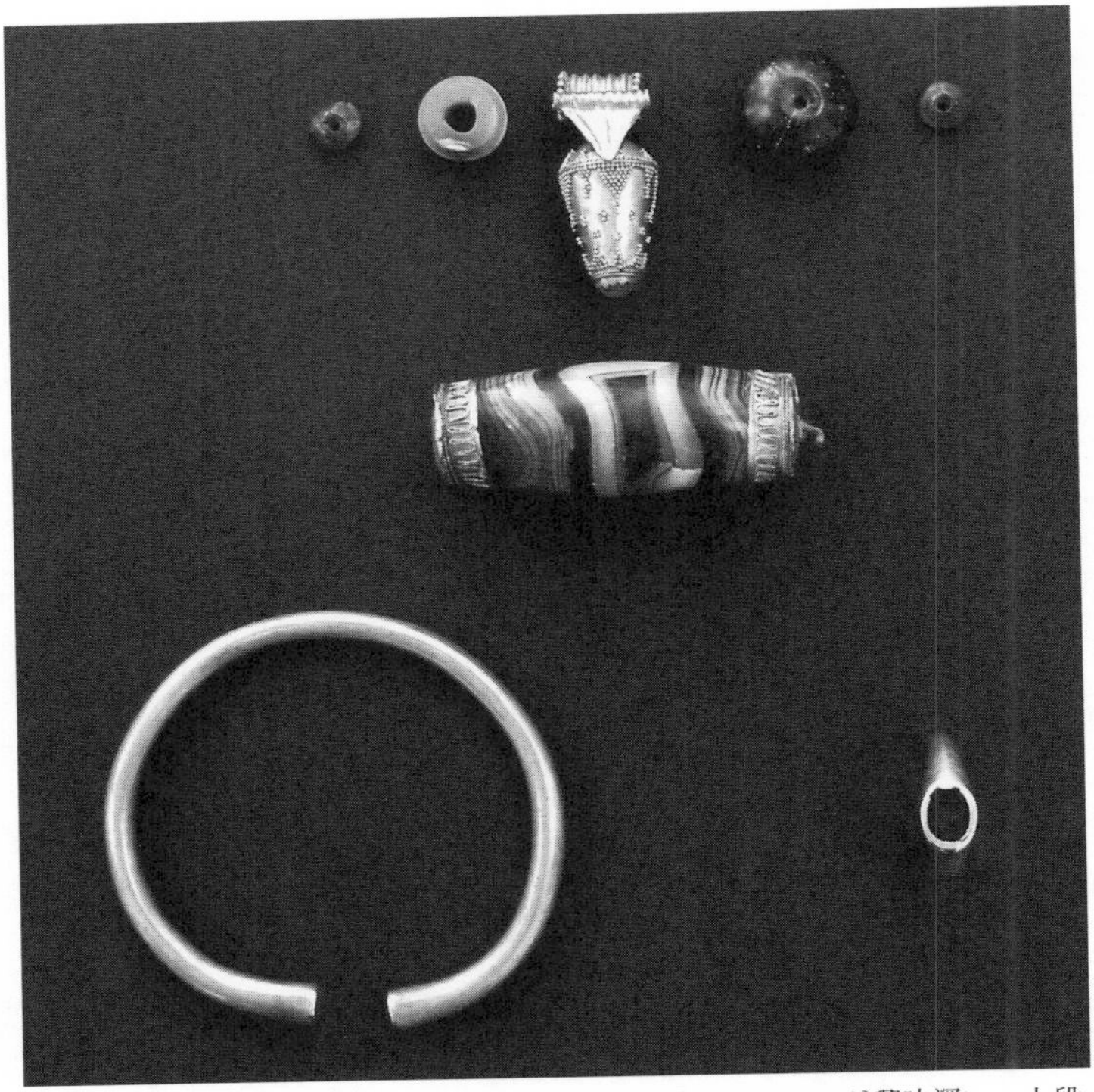

図8－7　G号墓から出土した装身具　男性が着けていたのが興味深い。上段中央の壺型のペンダントトップには細かな金粒で文様が表現され、先端にはガラス玉が象嵌されている。中段はインド方面からもたらされた縞瑪瑙の玉の両端に金製キャップが被せられたペンダントトップである。下段左の腕輪は純金、右の指輪は印章付きで蝶が羽を休めた姿が陰刻されている（撮影：西藤清秀）

G号墓は紀元前四〇〇年から前三〇〇年頃の、パルミラで一番古い段階の墓です。被葬者は四〇歳くらいの男性で、単葬です。重要なのは、指輪や腕輪などたくさんの装身具が副葬されていたこと。つまり、もともとパルミラでも副葬品を伴う埋葬が行われていたのに、C号墓やF号墓のような家族墓の時代になると副葬品を持たなくなるのです。パルミラの葬制観念が大きく変わったわけですが、なぜ変化したのかは、残念ながら今のところわかりません。

遺影のような彫像にしても、パルミラの人々の葬送観念や死生観は西アジア世界を見渡しても独特なものだという。

パルミラ王国はローマ帝国に属しながらも、税金を免れ、自治権を確立していました。ギリシャ、ローマの文化を吸収しながらも独自の文化が花開いたことは信仰からも見て取れます。ベル神殿のベルはメソポタミアの神様ですし、太陽神ヤルヒボールと月神アグリボールはパルミラの土着神です。一方でギリシャ・ローマやフェニキアの神々も入ってきている。パルミラの神様で名前がわかっているだけで六〇柱くらいあります。ということは、いろんな人種に対応できたということだと思うんです。どこから来ても、自分にゆかりの神様に出会えた。まさに文明の十字路にふさわしい場所でした。そういう背景があって、葬送観念や死生観も独特の変化をとげたのでしょう。

調査はさらに、完全な形の家族饗宴像が見つかったH号墓、家屋墓である一二九－b号墓に及んだ。H号墓はF号墓に続いて修復と復元を行った。だが、一二九－b号墓を調査中

図８－８　Ｈ号墓の修復復元作業（撮影：西藤清秀）

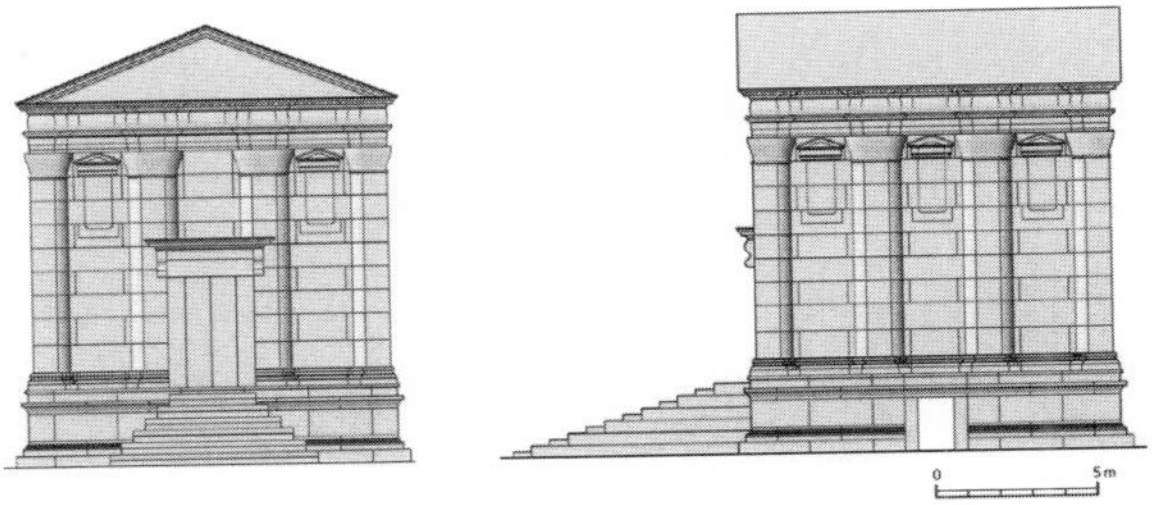

図８－９　129－b号墓復元図　３世紀頃に建造された家屋墓。パルミラでは珍しく西側に入り口が設けられ、扉は両開きの観音扉である。基壇部は一辺約11メートル、高さは約14メートルである。壁の窓は装飾として擬似的に設けられている（作成：石川慎二、濱崎一志、提供：西藤清秀）

の二〇一〇年に「アラブの春」が起きた。チュニジアでのデモを発端に、長期独裁政権の打倒を目指した民主化運動が中東、北アフリカに広がった。シリアでは、アサド政権と反政府勢力による内戦に発展。ロシア、アメリカがそれぞれを支援して泥沼化した。

内戦が始まったのちの二〇一一年九月、私はパルミラに様子を見に行きました。パルミラはまだ落ち着いていましたが、復元したF号墓とH号墓は入り口を埋めて封印しました。パルミラ博物館でも展示品の略奪に備えて、展示室入り口と収蔵庫に鉄の扉を設けるなど、対策を進めていました。結局、外国人研究者が破壊前のパルミラに入ることができたのは、それが最後でした。

二〇一二年にはパルミラも政府軍と反政府勢力の戦闘の舞台になります。そのときに盗掘が発生し、われわれが発見したH号墓の家族饗宴像は無残にも被害に遭いました。

図８－10　パルミラ博物館の展示室入り口に取り付けられた防護用鉄格子（撮影：パルミラ博物館、提供：西藤清秀）

二〇一五年五月、独自の「国家」樹立を宣言した過激派組織ＩＳがパルミラを制圧した。遺跡破壊への国際社会の懸念はすぐに現実になった。八月、ＩＳはパルミラの象徴的建物であるバールシャミン神殿やベル神殿を爆破。彫像も無残に破壊された。さらに出土品の保管場所を明かさなかったとして、前パルミラ博物館長のハーレド・アサドさんを殺害した。アサドさんは館長時代、奈良隊の発掘に協力し、西藤さんとも深い親交があった人物だ。

図8－11　H号墓の北側壁壁龕　上は完全な形の家族饗宴像（撮影：西藤清秀）。下は盗掘後。彫像頭部が持ち去られている（撮影：パルミラ博物館、提供：西藤清秀）

文化遺産の破壊が人々の心を折り、いかに精神的に大きなダメージを与えるかを、実行者たちはよくわかっている。それが怖かった。彼らにとって一つの戦略として成立してしまっているんです。

非常に悲しいことでした。破壊された文化遺産はけっして元通りには戻せません。もちろん、できる限り元に戻そうとする努力を惜しんではならない。また、これまでとは違う形で見せる方途を模索する必要もあるでしょう。

その年の一二月、西藤さんが会長を務めていた日本西アジア考古学会が、シリアで発掘調査団を編成する各国の研究代表者に呼びかけ、シリアへの発掘調査情報の提供と文化遺産保護を話し合う国際会議をレバノンのベイルートで開いた。

会議の席上、破壊前に三次元計測を行ったベル神殿の三次元画像の動画を公表しました。そのうえで、画像をより精度の高いものにするため、不足しているデータの提供を各国隊に呼びかけました。その呼びかけに応じて、かなりの量のデータが寄せられています。しかし、それらをつなぎ合わせてみても、やはり限界を感じました。結局、本物ではありません。そこにあった歴史の重みや人の心の重みはなくなっているわけですから。

文化遺産の破壊に立ち向かうためには、遠回りのようでも、やはり現地の人々への教育から始

図８－12　爆破前に計測されたベル神殿の三次元画像　2010年10月にシリア調査団に依頼され、ベル神殿の本殿東側で柱列の三次元計測を行った。その際、発掘区と本殿の位置関係を把握するため、付随的に本殿の外観と内部の計測も実施した。この画像は世界で唯一の破壊前のベル神殿の三次元計測画像である。ただし画像に間隙が多く、後日精緻な写真を貼り付け、元来の神殿の姿に戻す努力をしているが、まだその作業は道半ばである（作成：㈱アコード、㈲タニスタ、提供：西藤清秀）

めねばなりません。その地の持つ豊かな歴史、文化遺産の価値についての教育は、やってやり過ぎることはない。そうすれば盗掘だって起きにくくなるでしょう。

さらに、今後の修復に向けて、現地の文化財に関わる専門的な人材の育成にも取り組んでおり、成果が出つつある。

二〇一七年以来、橿考研は国際連合開発計画（ＵＮＤＰ）から委託を受けて、シリア人文化財関係者が自らの文化財を自らの手で将来に継承するための、さまざまな研修を実施しています。

そのうちの一つとして、二〇一九年の一一月から翌二〇年の一月まで、三人のシリアの若者をポーランドのワルシャワ大学に派遣し、彫像の修復方法を教えてもらいました。そしてその後、ダマスカスで実践研修を行ったのです。ISによってバラバラにされたパルミラ博物館の彫像の破片が回収されて、ダマスカスの博物館の倉庫に保管されていました。ワルシャワ大で研修を受けた人たちを中心に、ポーランドの石像修復の専門家の指導のもと、実物での修復研修を実施したのです。今後は修復の成果の展示も行えればと考えています。

破壊されたパルミラの遺跡そのものは、性急な修復はしないほうがよいと考えています。復元の方法や、どの時代に合わせて復元するかなど、時間をかけた議論が必要です。同時に基礎的な情報として、壊された部分や石材についての記録を細かく取る必要があります。シリアに平和が戻る日までに、やらなければいけないことは、まだまだたくさんあるのです。

キルギス

第九章　アク・ベシム遺跡

――西からシルクロードをたどる

山内和也

日本人がシルクロードをイメージするとき、東から中国の彼方《かなた》へと続く道を思うことが多いだろう。だが、山内和也・帝京大学教授は、あえて西からシルクロードを見つめる。アフガニスタンのバーミヤン遺跡の保存修復やシルクロードの世界遺産登録に関わり、その後はキルギス共和国のアク・ベシム遺跡の発掘調査を続け、東と西が出会う場所を探究している。

山内和也（やまうち・かずや）　一九六一年生まれ。平山郁夫シルクロード研究所研究員、東京文化財研究所主任研究官、同研究所地域環境研究室長などを経て、二〇一六年から帝京大学文化財研究所教授。著書に『バーミヤーン遺跡の歴史と保存——国際シンポジウム「世界遺産バーミヤーン遺跡を守る』（共編著、明石書店、二〇〇五年）、『イスラームと文化財』（共著、新泉社、二〇一五年）などがある。

生まれは福島県です。高校卒業まで地元で過ごしました。早稲田大学に入学し、二年生で東洋史専修を選びました。歴史は好きでしたし、テレビでシルクロードの番組が放送されていた時代に育ちましたから、シルクロードや西の世界に憧れがあったのでしょう。

ところが、東洋史の授業は延々と漢文を読まなければならない。それが苦手で、大学院では考古学に進みました。漢文の世界でもヨーロッパ世界でもない、それらの中間の世界に興味があったのです。博士課程に進むとすぐに留学の奨学金をもらえることになって、ほとんど授業に出ないまま留学してしまいました。行き先はイランのテヘラン大学でした。

留学したのは、イラン・イラク戦争（一九八〇〜八八年）の最終盤の時期だった。

奨学金を受けられることは決まったものの、留学先は戦争中です。正直なところ、どうしようかと迷いました。しかし「今は条件が悪い」と言っていても、時間は待ってくれません。どんどん年を取ってしまいます。「行かない限り前は開けない。ともかく行ってみよう」と決めました。私自身若かったし、時代の空気も現在とは少し違っていたと思います。

山内和也さん（撮影：清岡央）

飛行機はアエロフロート、モスクワ経由でした。ところが、テヘラン上空には着いているらしいのに、飛行機がなかなか降りない。小一時間にわたって上空をぐるぐる回っていました。あとで聞いたところ、ミサイルが飛んで来ていたのだそうです。イラクからミサイルが発射されると、国境のあたりで監視していてその軌道を観測し、テヘランには飛来しないとわかってから、やっと着陸したわけです。イラン・イラク戦争では、それがどうやら最後の一発だったらしい。その後、ミサイルは飛んで来ませんでした。ラッキーでした。

テヘラン大学では、大学院修士課程のイラン古代文化言語学科に入り、留学生向け課程ではなく、全日制でイラン人の学生と同様に単位を取得することになった。

イランでは古代ペルシア語やアヴェスター語などの古代言語と、パフラヴィー語などの中世言語を、三年かけて一通り勉強させられる。日本では考えられないでしょう。それぞれだいぶ違いますが、全部いっぺんに学習すると理解できる。

でも当たり前のことながら、尋常な勉強量ではとても追いつかない。普通のイラン人学生に混じって、日本人がひとりポツンとペルシア語の講義を聴いているわけですから。予習しなかったらアウト。必死でした。あれほど勉強したのは大学受験以来でした。

テヘラン大学で三年半学んだのち、在テヘラン日本国大使館の専門調査員として三年あまり勤務した。日本文化をイランの人々に紹介するのが仕事だった。ここで日本画家の平山郁夫《ひらやまいくお》さん（一九三〇〜二〇〇九年）の知遇を得た。

文化担当官として、凧《たこ》の展覧会を開催したり、日本紹介のパンフレットを作ったりしました。それだけではインパクトがないので、平山先生をお招きしました。戦争もあって、二国間の文化面での交流は途絶えていました。何か動きを生み出す梃子《てこ》入れになればと考えたのです。それが縁で帰国後、平山先生の研究所で働くことになりました。

一九九五年に帰国すると、平山さんが神奈川県鎌倉市に開設していたシルクロード研究所で研究員として過ごした。自らシルクロードに赴き、多くの作品に描いた平山さんは、一方でシルクロード美術品のコレクションにも力を入れていた。現在は山梨県北杜市の平山郁夫シルクロード美術館の展示からその一端を知ることができる。

研究所時代は面白かったですね。コレクションが素晴らしいですから。シルクロードのコインや印章もあったので、それらを研究しました。それから、パフラヴィー語の文法書を邦訳して出版もしました（『パフラヴィー語――その文学と文法』シルクロード研究所、一九九七年）。その本はいまだに日本語で唯一のパフラヴィー語の文法書です。シルクロード研究所にいたことが、のちのバーミヤンでの仕事につながっていきました。

二〇〇一年三月、アフガニスタンのバーミヤン遺跡の大仏が、イスラーム原理主義勢力タリバンによって爆破された。タリバン政権崩壊後の二〇〇二年五月、文化遺産復興のための国際会議がカーブルで開かれた。山内さんは、東京藝術大学学長に就いていた平山さんとともに出席した。平山さんは爆破前にはタリバンに対して大仏破壊を思いとどまるよう呼びかけ、戦後は文化遺産保護に力を入れた。同年九月に日本政府が文化遺産復興支援の有識者会議を設置すると、平山さんは座長に就任。山内さんもメンバーに名を連ねた。山内さんはこの年、ユネスコと日本が合同で派遣した調査団の一員として、初めてバーミヤンを訪れた。

バーミヤンの谷の美しかったこと。バーミヤンの地名の語源は「光り輝く」という意味だとされています。カーブルから飛行機で行くと、眼下に広がるヒンドゥークシュの黒い山肌に、ひときわ明るい谷が現れます。その名の通りだと感じました。東西約三五キロ、南北約四キロの細長い谷です。

失われた二体の大仏は、東西に延びる約一キロの崖に南を向いて彫られていました（口絵1）。今は空しく仏龕《ぶつがん》が残り、そのほか無数の石窟《せっくつ》が穿たれています。背後は草木のない禿げ山《はやま》ですが、黄色や赤味を帯びた複雑な色合いの山肌なので、太陽が移動するにつれて時々刻々、色彩が変化します。仏龕にまぶしい朝日が差し込み、夕方が近づくと次第に影を濃くしていく。春から夏の時期に訪れると、緑が鮮やかです。印象的な風景でした。

調査団の目的は、大仏があった石窟の壁面の現状と残っている壁画の調査、それらの保存修復方法などを検討することだった。一行のなかには、二五年ぶりにバーミヤンを訪れた前田《まえだ》耕作《こうさく》・和光大学名誉教授の姿もあった。

図９－１　アフガニスタンを訪れた平山郁夫先生ご夫妻　2002年５月、カーブルで開催されたアフガニスタン文化遺産復興国際セミナーに出席する平山先生に同行して、初めてアフガニスタンに足を踏み入れたときの写真。左から二人目は、ブラヒミ・国連アフガニスタン担当特別代表（提供：山内和也）

粉々に破壊された大仏を目の当たりにした前田先生たちの嘆きは、まことに深いものがありました。やはり、破壊される以前を知っている先生方と、すでに破壊された遺跡を初めて見る私とでは、衝撃の度合いが違うのでしょう。もちろん痛ましいことだとは思いましたが、とにかく保存修復プログラムを立案しなければなりません。夜も忙しく仕事を続けました。

限られた時間で、バーミヤン谷全般の現状を調査しました。大仏の仏龕は爆破によって亀裂がいっそう広がり、特に東大仏では崖の崩壊につながる危険があるので、早急に補強措置が必要でした。

石窟の壁画は、ソ連のアフガニスタン侵攻前に確認されていた壁画の約八〇パーセントが失われ、残っているものも多くが剝落の危険にさらされていました。破壊や盗掘を受けた断片がまだ床面に多数残されていたので、石窟を立ち入り禁止にしたうえで、それらを残らず集め、しかるべき場所に保管する必要がありました。と同時に、残された壁画の適切な修復方法を速やかに検討せねばなりません。

また、バーミヤン谷全体の遺跡の保存を念頭に置いて、遺跡範囲を確定するための考古学的な分布調査を行うことも大切です。現状の調査報告に併せてこれらを提言しました。

それに基づいて、ユネスコ文化遺産保存日本信託基金を使った保存修復事業が始まったのです。

イタリアやドイツも参加したユネスコ文化遺産保存日本信託基金によるバーミヤンの保存修復事業は二〇〇三年に始まった。日本は壁画の保存修復などを担当した。山内さんは、本格的にバーミヤンに取り組むため、平山さんの研究所から東京文化財研究所に移った。

壁画を保護するには、どんな材料でどのように描かれているかを理解する必要がありました。それがわからなければクリーニングもできません。

そこで、バーミヤン壁画を知るためのプログラムとして私が計画したのは、同時代の各国の壁

図9－2　南側から望む東大仏仏龕　晩秋のバーミヤンからは緑が失われ、茶色の世界が広がり、このの5寒く、厳しく、長い冬が訪れる。正面の真ん中に見えるのが東大仏仏龕。爆破によって大仏像が失われ、虚ろになってしまっているが、それでもなお、往時の壮大さと偉大さを伝えている（撮影：安井浩美）

画を調査してバーミヤンと比較することでした。バーミヤン壁画の年代が五世紀から六世紀だとすると、日本にはこれに近い時代に高松塚《たかまつづか》古墳の壁画があります。インドのアジャンターや、タジキスタンにも同じ時代の壁画があります。これらの壁画に用いられた材料や技術を横断的に調べることにしたのです。

アジャンターやタジキスタンなどの壁画を高精細の画像に記録しました。また現地機関と交渉してサンプルを提供してもらい、科学的に材料や技術を分析することも試みました。最終目的はもちろんバーミヤン壁画の保護修復です。ただそこに至るには、遠回りに思えても、こうした一連のプロセスを踏むことが必要だったのです。

毎年のように通ったバーミヤンだったが、アフガニスタンの治安悪化で、現地に入れない時期もあった。二〇一三年一〇月のバーミヤン入りは約三年ぶりだった。そこで目にした光景は衝撃的だった。

爆破された東大仏のあった場所に、大仏の「足」が築かれていたのです。レンガやセメントで造られ、石造仏の足とは似ても似つかないものでした。なぜこんなものがここにあるのか。見た瞬間はまったく理解できませんでした。足の形の構造物を造ったのは、大仏の破片の回収を担当していたドイツ人専門家たちでした。

その年の一二月、イタリアのオルビエートで、保存修復の方向性を議論するための第一二回バーミヤン専門家会議が開かれた。日本、ドイツ、イタリア、フランスなどの専門家、アフガニスタンからは情報文化大臣をはじめ政府関係者が集まった。大仏の「足」は議論の焦点となった。

ドイツ人専門家は次のように述べました。爆破で脆《もろ》くなった仏龕からは落石の危険性がある。われわれの造った「足」は、落石から見学者を守る屋根を架けるための「支柱」であると。そのうえに、もともとそこには一九六〇年代にインド・アフガニスタン隊が再建した足が存在していたのだから、それを再建したまでのことであり、将来的には破壊された大仏の破片の「再組み立て」、つまり再建の基礎にもなると付け加えました。

これに対して、他国の専門家からはさまざまな批判が出ました。おおむね以下のようにまとめることができます。

第一に、バーミヤンは世界遺産であり、このような構築物を設ける場合は、事前に報告書や影響調査をユネスコ世界遺産委員会に提出する義務がある。にもかかわらず、それを怠っている。

図9－3　東大仏に造られた「足」 2013年夏、東大仏の足元にドイツ・イコモスチームによって大仏の足を模した構造物が造られ、国際社会を驚かせた。その一方で、これがきっかけとなり、大仏再建についての関心が一気に高まり、現在でも再建の是非を問う議論が続いている（撮影：安井浩美）

第二に、レンガやセメント、鉄筋など往時はなかった材料を使用し、推測に基づいて再建しようとしている。これは景観や精神的な「場」を乱すもので、保存修復の倫理にもとる過度な介入である。第三に、そもそも見学者の安全を確保するためならば、人の立ち入りを制限すべきであり、仏龕の左右に屋根を架けた通路を設置すれば十分である。「足」を模した支柱を造る必要はない。第四に、大仏の再建は時期尚早であり、その基礎として「足」を造ることは問題である――。どれももっともでした。

そもそも文化遺産は真正性を有する、つまり「本物」であることに価値が存在します。だから世界遺産の「作業指針」にも「再建は完全かつ詳細な資料に基づいて行われた場合のみ許容され得るものであり、臆測の余地があってはならない」と述べられています。「足」は、世界遺産バーミヤンの文化的価値を損ないこそすれ、高めることにはつながりません。

一方で、アフガニスタン側からは好意的な意見も出ました。情報文化大臣は「いずれか一方の大仏の部分的な再建を希望している」と発言しました。バーミヤンの住民は将来的な大仏再建を望んでおり、その一歩として必要だという意見もありました。

地元で観光資源として大仏再建を求める声は強い。だが、日本をはじめ各国の専門家は、多くが慎重だ。文化遺産は真正性が重んじられるべきであることに加え、イスラーム原理主義勢力との間で複雑な情勢が続くなかでは、再建によってふたたび標的になる恐れもある。

会議で浮き彫りになった課題は、アフガニスタン政府の決断や住民の強い希望があれば、技術的、倫理的に問題があっても大仏を再建するのか、という点です。大仏再建問題についてはその後も議論が続いていますが、結論は出ていません。アフガニスタンの社会と文化を理解したうえで、広く分野の異なる専門家が集まって討議を続けることが不可欠です。

バーミヤン遺跡の保存修復と並行して、山内さんはカザフスタンやタジキスタンなど、中央アジア諸国との関係も深めてきた。遺跡の調査に加え、人材育成や調査機材の提供などを通じて、現地の研究者との間に広い人脈を築いた。

二〇〇七年に所用でタジキスタンに行ったとき、顔見知りの現地のユネスコ職員から「今度、シルクロードの会議がある」と聞かされました。「オブザーバーでいいから」と頼んで参加させてもらうと、驚きました。会場は狭く寂しい部屋でしたが、シルクロードの世界遺産登録に向けた基本文書である「コンセプトペーパー」を作成するための会議だったのです。

シルクロードの世界遺産登録はもともと、二〇〇二年に中国・西安で開かれた「ユネスコ・シルクロード国際学術シンポジウム」で、平山郁夫さんが提唱した。その後、中国、カザフスタン、キルギス、ウズベキスタン、タジキスタンの五か国は断続的に協議を重ね、各国のシルクロード沿いの遺跡が一括して世界遺産に登録されることを目指した。タジキスタンでの会議は、その動きを受けてのものだった。

さらに驚いたのは、コンセプトペーパーに付けられていた地図でした。シルクロードとは何か、という定義を説明するための地図です。そこでは、中国・西安から東の部分が完全に除外されていました。もちろん日本は外れています。

「これはまずいな」と思いました。日本人にとってシルクロードは、ずっと東の奈良・正倉院まで延びています。正倉院はシルクロードの終着点です。私はここで、学術的な定義をいおうとしているのではありません。世界遺産というのは、ある意味でイメージが重要なのです。ところがこのままでは、シルクロードのイメージから日本が完全に切り離されてしまうことになりかねない。

帰国後、さっそく関係機関と協議し、翌年西安で開かれた国際会議にはオブザーバーでなく正式なメンバーとして参加して、コンセプトペーパーの修正が認められました。私は将来、日本もシルクロードの世界遺産登録の仲間に加わるべきだと思っています。そのためには、最初の段階の地図には、絶対に含まれていなければならなかったのです。

山内さんはその後、登録に向けて中央アジア諸国への学術的な支援を続けた。その甲斐あって二〇一四年六月、カタールで開かれたユネスコ世界遺産委員会で、中国とカザフスタン、キルギスの三か国が推薦した「シルクロード　長安―天山回廊の交易路網」の世界遺産登録が決まった。当初からやや曲折を経て、タジキスタンとウズベキスタンは別に登録を目指すことになった。玄奘《げんじょう》が経典を収めたとされる西安の大雁塔《だいがんとう》や、極彩色の仏教壁画が残るキジル石窟寺院など、中国二二か所、カザフスタン八か所、キルギス三か所の計三三か所の遺跡が構成資産だ。キルギスのアク・ベシム遺跡もその一つ。二〇一五年秋以降、山内さんが発掘調査を手がけている遺跡だ。

考古学の分野から中央アジア諸国への支援に関わってきました。その一つに、文化庁の文化遺産国際協力拠点交流事業というのがあります。相手国の機関を拠点に、複数年をかけて技術移転や人材育成を行う事業です。私はこの事業でキルギスへの支援をしてきました。

実はもともとアク・ベシム遺跡に関心があったのです。ですが、いきなり行って「掘らせてください」ではさもしい。何年もかけて、現地の考古学者たちとの間に信頼関係を築いてきました。その結果、「山内ならいいだろう」と思ってもらえた。その後の合同調査がとても進めやすくなりました。

では、なぜアク・ベシムなのか。日本人が惹《ひ》かれる理由のある遺跡だからです。アク・ベシムは、かつて「スイヤブ（砕葉）」と呼ばれていたシルクロードの代表的都市です。その名前を聞いたことのある日本人はけっして多くないかも知れませんが、唐代の詩人・李白《りはく》が生まれた場所ともいわれています。

アク・ベシム遺跡は、五～一〇世紀に栄えた都市の跡だ（口絵18）。トルコ系遊牧騎馬民族の西突厥《にしとっけつ》が支配していた六二九年頃には、インドに旅する途中の玄奘が立ち寄って西突厥の王に歓待されている。その後、唐が西進して支配下に収め、六七九年に砕葉鎮城《さいようちんじょう》を建設したと中国の歴史書『旧唐書《くとうじょ》』に記される。旧ソ連時代の発掘調査で、仏教寺院跡、ネストリウス派キリスト教会跡、キリスト教徒の墓地などが発見され、東西文化の接点であることが明らかになった。一九八二年に「砕葉鎮」と刻まれた石碑が遺跡内で発見されたことで、唐の西域経営の最西端だった砕葉鎮城がこの地にあったことはほぼ確定した。ただ、唐代の遺構は確認されておらず、実態が不明だった。

発掘調査を開始するにあたって注目したのは、世界遺産に登録された都市跡に隣接する東側区画です。現在は耕作地になっているものの、一九六〇年代の衛星写真に一回り大きい城壁跡が写っていたからです。さらにその内部にも方形の区画の存在が認められました。内部の方形区画の東端を発掘したところ、予想通り城壁の基礎部分が出てきました。幅は約五

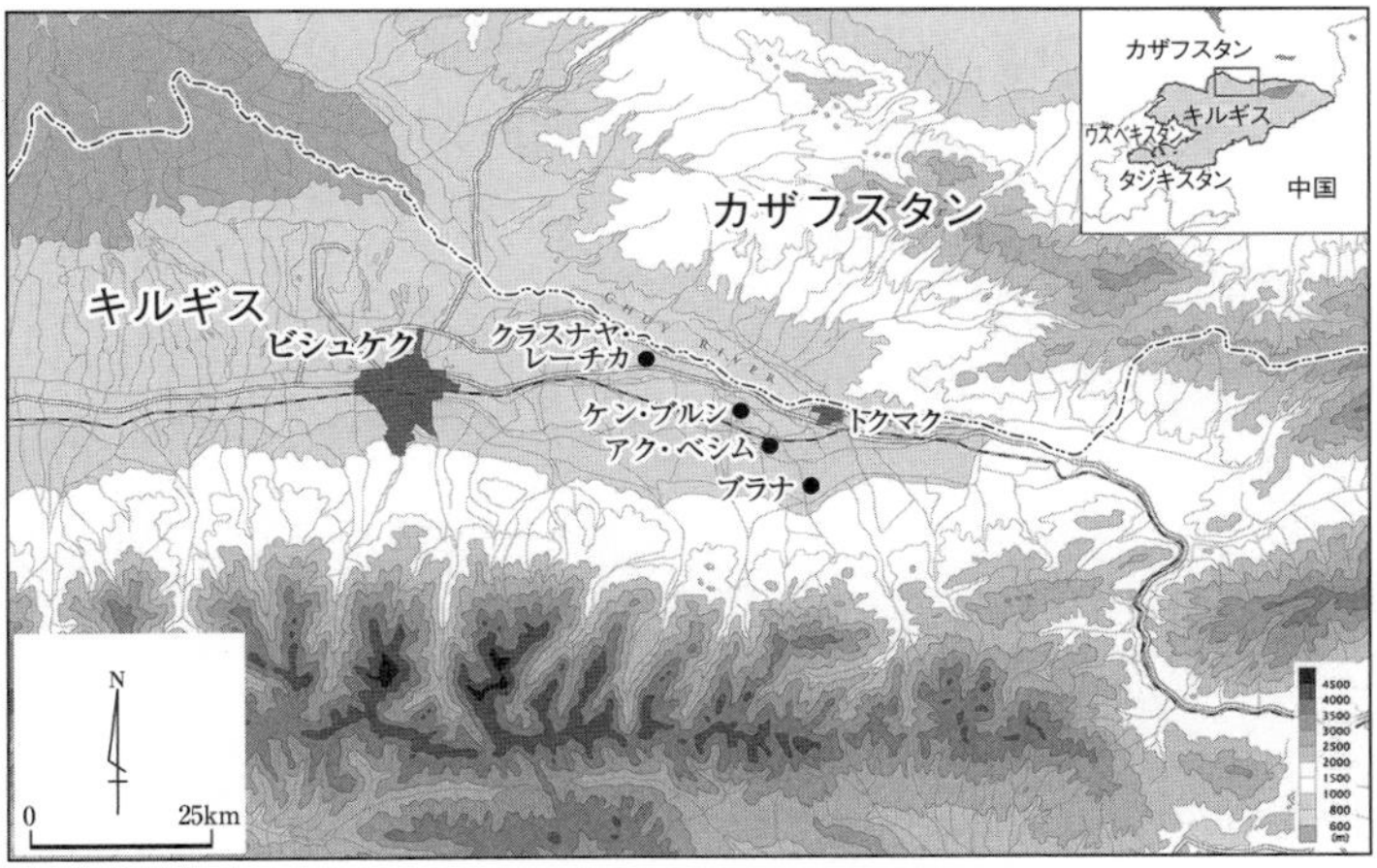

図9－4　アク・ベシム遺跡の位置

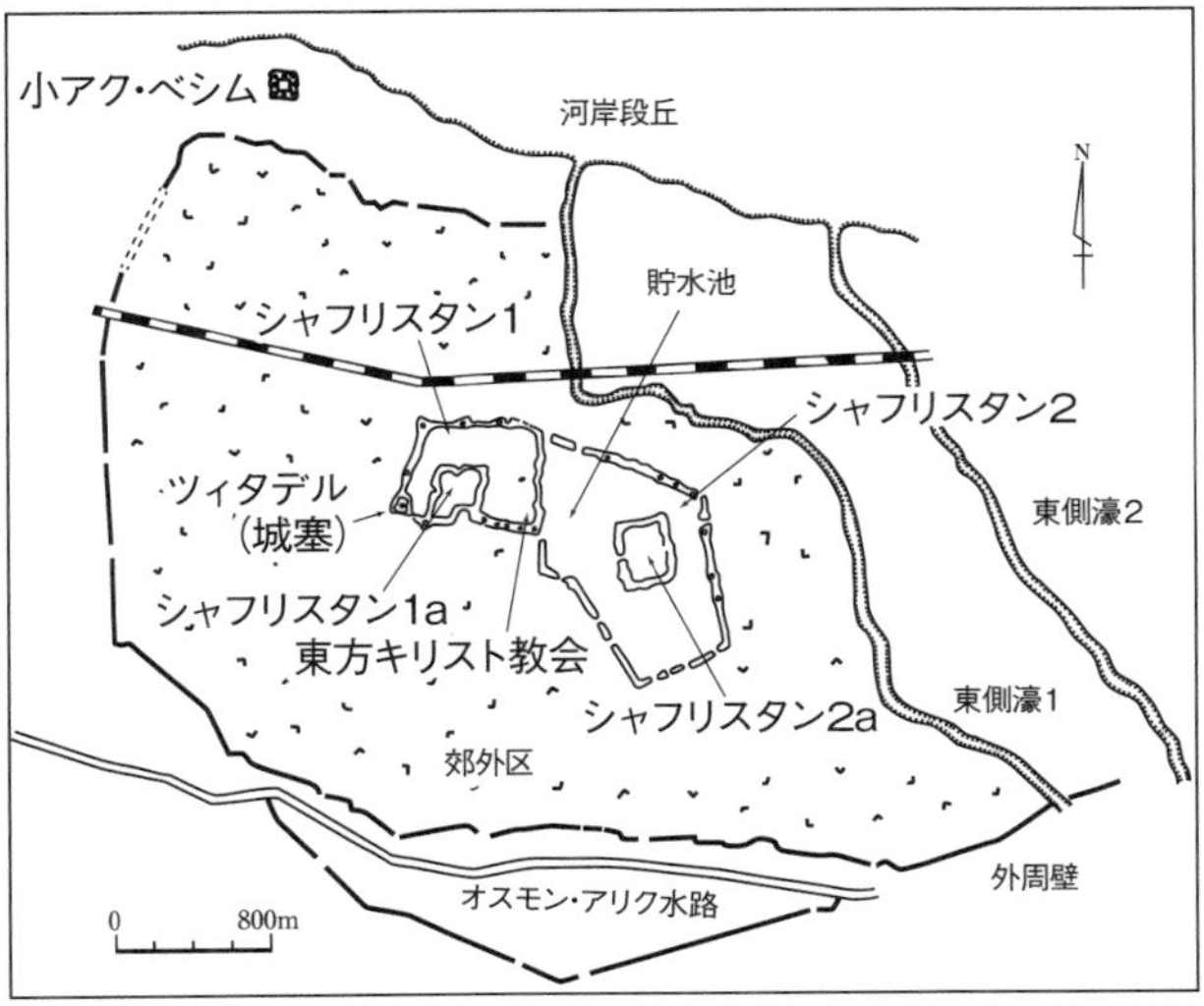

図9－5　アク・ベシム遺跡全体図

メートル。城壁の内側では唐代の屋根瓦やレンガが大量に出土し、砕葉鎮城がここにあったことを裏付けることができました。

二〇一七年の発掘では、人名の一部と見られる「懐」という漢字が書かれた七世紀後半の瓦などが出土しています。

アク・ベシム遺跡は、城壁で囲まれた二つの都市が東西に隣り合った独特な形をしていることが明らかになった。西側はシルクロード交易の民だったソグド人が建設したとされ、東側は唐によって建設された砕葉鎮城の跡と考えられている。

二〇一八年の発掘では、花模様の石敷きが発見されました（口絵19）。やはり七世紀後半のものです。直径一・八メートルの穴の北側と西側に、二列が確認されました。赤や白、緑などの石を組み合わせて、直径五〇～八〇センチほどの花文様を描いています。このような石敷きは中央アジアで見つかるのは初めてでしたが、中国には類例があります。中国の様式をそのまま持ち込んだものといえるでしょう。

唐の様式をそのまま持ち込んだ東の砕葉鎮城と、その西に隣接するソグド人の町の間に、どのような接触や交流があったのか。それを解明するのがわれわれの発掘の目的です。

「シルクロードは文化交流の道」とよくいわれます。しかし何をもって「交流」というのかは、

図９－６　南東から見るアク・ベシム遺跡　かつてスイヤブと呼ばれたアク・ベシム遺跡は、隣り合う二つの町、つまり西側のソグド人の町（シャフリスタン１）と東側の唐王朝が建設した砕葉鎮城（シャフリスタン２）からなる。手前に見えるのが砕葉鎮城の址で、写真の下方には発掘地点が白っぽく写っている（提供：帝京大学）

図９－７　アク・ベシム遺跡のシャフリスタン１での発掘調査　中央に見えるのは、９～10世紀頃の街路で、両側には日干しレンガ造りの建物が並んでいた。街路はゴミ捨て場としても使われており、たくさんの土器の破片や動物の骨が見つかった（提供：帝京大学）

図9－8　砕葉鎮城の址で見つかった帯状になった瓦片の堆積　かつてこの場所には、唐軍によって瓦葺きの大きな木造の建物がいくつも建設された。この瓦片の山は、東側（写真の左側）に建っていた建物の屋根瓦で、火災で焼失したのち、西側にあった溝に片付けられたものと考えられる（提供：帝京大学）

図9－9　文字が刻まれた瓦の破片　瓦片の山の中から見つかったもので、この破片には「懐」という文字が見える。おそらく中国人の名前の最後の1文字であろう。この破片は、まさしく現地調査の最終日の夜、瓦片を調べているときに見つかったもので、宿舎は私たちの大きな歓声に包まれた（提供：帝京大学）

図９－10　砕葉鎮城の址で見つかった石敷き　おそらく、いくつかの建物の間にあった中庭に造られたもので、現在では一部しか残っていないが、中庭をめぐるようになっていたものと考えられる。７世紀の後半、この地に駐屯していた唐軍によって造られたものであろう（提供：帝京大学）

非常に曖昧です。正倉院宝物の白瑠璃碗《はくるりのわん》を見て、「イランから来たカットグラスだ」ということはできます。でも実際に、交流がどういうふうに文化を変えたのかは、東西文化の接点だった場所に立って検証しなければわかりません。実際に住んでいた人たちの間に、どういう文化の接触があって、どういう交流が生まれ、それが実際の物にどう表れるのか。アク・ベシム遺跡は東西の接触、影響関係を具体的な場所で、具体的な物を通して解明することのできる稀有《けう》な遺跡です。

アク・ベシム遺跡の発掘は、今後まだ一〇年は続けたいという。

やはりイランにいた時期が長かったからでしょうか、私にとってシルクロードとは、東から西へと延びる道ではなく、西から東へと戻ってくる道なのです。遺跡からの出土遺物は、イランからシルクロードを東へ向かうにしたがって、少しずつイランらしさが薄れていきます。アフガニスタンもウズベキスタンも、イラン的な要素はまだ濃厚ですが、アク・ベシムの出土遺物を見ると、西のものとは明らかに変わり、いよいよ東アジアのシルクロードが始まるのだと実感します。

日本人が東からシルクロードを西へたどって行くと、どこかの地点で「ここは東じゃないな」ということに気づくはずです。しかし残念ながら、現状では日本人が中国を発掘することはできません。しかも中国という世界は広い。だから、その「どこかの地点」を見出すことは難しい。いずれは中国も、日本と合同調査を行うべきですし、中央アジアの研究者も加わればいい。

私はイラン人でもなく、中央アジア人でもありません。日本食を食べたいし、日本で生活したい日本人です。でも、いつも東から見ていたのでは、見えない世界があると思います。

本章で言及した成果の一部は、JSPS科研費19H01348の助成を受けたものです。

あとがき

河合　望
安倍雅史

古代オリエントは、世界最古の文明社会が誕生した地域の総称である。メソポタミア文明が誕生したティグリス・ユーフラテス川流域を中心に、エジプト文明が花開いたナイル川流域、インダス文明が栄えたインダス川流域、そしてそれらの周辺地域を含む用語である。

現代の日本人は、古代オリエントから様々なものを引き継いでいる。ビールやワイン、パン、チーズといった身近な食文化、都市に住むという生活様式、法律や暦、音楽、天文学、数学、医学、冶金技術、建築技術など、そのルーツが古代オリエントに由来するものをあげればきりがない。

日本人による古代オリエントの現地調査は、一九五六年の東京大学イラク・イラン遺跡調査団による北メソポタミア（イラク北部）のテル・サラサート遺跡の発掘調査を嚆矢《こうし》とする。このとき調査団長を務めた江上波夫《えがみなみお》先生が、主要な研究テーマに掲げたのが「農耕の起源」の解明であった。この時点ですでに欧米の調査団は一〇〇年以上にわたりメソポタミア文明の遺跡を発掘しており、江上先生はあえて華やかな文明期の研究を避けたのだ。江上先生が、新規参入した日本人研究者が存在感を示せる研究テーマとして選んだのが、当時研究が始まって間もない「農耕の起源」に関する研究であった。

それから六五年の月日が流れた。先学の血と汗と涙の結晶のおかげで、現在では二〇を超える日本の調査団が活動を行っている。今では、エジプト、トルコ、レバノン、イスラエル、ヨルダン、イラク、サウジアラビア、バハレーン、アラブ首長国連邦（UAE）、オマーン、イラン、アルメニア、アゼルバイジャン、ウズベキスタン、キルギス、カザフスタン、パキスタンなど、西アジア、中央アジアのほとんどの国で日本人研究者が発掘調査を行っている。

また、研究テーマも多様化した。「農耕の起源」はもちろん、「人類の進化と拡散」「文明の誕生」「帝国の形成」「一神教の起源」などの研究テーマでも、日本人研究者が国際的な成果をあげている。日本人研究者による古代オリエント調査は、かつてないほどの盛り上がりを見せている。そのため、今回、本書の出版を通じて、日本人研究者による最新研究成果の一部を多くの方々に知っていただける機会を得られたことは、嬉《うれ》しい限りである。

本書の編者である清岡央さんは、長年、読売新聞で考古学や世界遺産の記事を担当してきたベテラン記者である。「日本人研究者による発掘調査の成果を一般の方に紹介する本を出せないか?」という相談を持ち掛けたところ、中央公論新社をご紹介くださった。また清岡さんは、一人、一人、丁寧に時間をかけインタビューを行い、専門用語ばかりで脈絡もない私たちの話を見事に読みやすい内容へとまとめてくださった。

また、普段、私たち研究者は、学問的な成果を学会で公表することはあっても、現地調査の様子を人に話す機会はほとんどない。今回、清岡さんは、専門的な研究内容だけではなく、現地調査の裏話もたぶんに盛り込み、炎天下での発掘調査の厳しさや現地の人々との交流の楽しさ、あるいは未盗掘墓を発見したときの興奮や緊張感など、現地調査の様子が読み手に生き生きと伝わる文章にまとめてくださった。清岡さんに、この場を借りて御礼申し上げたい。

また、最後に、私たちの無理を聞いて出版の機会をくださった中央公論新社に感謝を申し上げたい。

二〇二一年一月四日

装　幀　中央公論新社デザイン室

カバー（表１）写真
「セヌウのミイラマスク」（© 東日本国際大学エジプト考古学研究所）
カバー（表４）写真
「サチュロス彫像付き建造碑文」（撮影：西藤清秀）

清岡　央（きよおか・ひさし）
1976年生まれ。99年、読売新聞東京本社入社。前橋支局などを経て、2010年から文化部で歴史・文化財や世界遺産などを担当。

オリエント古代《こだい》の探求《たんきゅう》
——日本人研究者《にほんじんけんきゅうしゃ》が行《ゆ》く最前線《さいぜんせん》

2021年4月10日　初版発行

著　者　前《まえ》田《だ》耕《こう》作《さく》／河《かわ》合《い》　望《のぞむ》／馬《ば》場《ば》匡《まさ》浩《ひろ》
長谷川修一《はせがわしゅういち》／西《にし》山《やま》伸《しん》一《いち》／安《あ》倍《べ》雅《まさ》史《し》
上《うえ》杉《すぎ》彰《あき》紀《のり》／西《さい》藤《とう》清《きよ》秀《ひで》／山《やま》内《うち》和《かず》也《や》

聞き手・編　清《きよ》岡《おか》　央《ひさし》

発行者　松田陽三

発行所　中央公論新社
〒100-8152　東京都千代田区大手町1-7-1
電話　販売 03-5299-1730　編集 03-5299-1740
URL http://www.chuko.co.jp/

DTP　今井明子
印　刷　図書印刷
製　本　大口製本印刷

Published by CHUOKORON-SHINSHA, INC.
Printed in Japan　ISBN978-4-12-005425-9 C0022

アンデス古代の探求
——日本人研究者が行く最前線

大貫良夫
希有の会 編
聞き手 清岡央

東大調査団が初めてペルーに旅立ってから60年。古代アンデス文明の形成過程解明への情熱、そして現地の人々との協力関係は、輝かしい成果をもたらしてきた。国際的にも注目を集める研究者たちは今、どのようなテーマに挑んでいるのか？

中央公論新社刊